에드거 앨런 포

삶이라는 열병

지은이 폴 콜린스(Paul Collins, 1969~)

미국 펜실베이니아 출신의 논픽션 작가로 역사물, 회고록, 평전 등을 전문적으로 다루고 있다. 지금까지 모두 9권의 작품을 썼고, 전 세계 11개의 언어로 번역되었다. 〈콜린스 라이브러리〉의 설립자이자 편집인이며, 현재 포틀랜드 주립대학 영문학 교수이다.

그의 주요 작업은 지금 비록 과거 속에 망각되었지만, 한때는 자신의 시대를 온통 뒤흔들었던 독특한 인물들의 삶과 작업을 마치 탐정처럼 미세하게 추적해서 작품으로 쓰는 일이다. 첫 작품 『밴버드의 어리석음—세상을 바꾸지 않은 열세 사람 이야기』를 비롯해, 미국 민주주의 사상의 아버지로 불리는 토머스 페인을 다룬 『토머스 페인 유골 분실 사건—상식의 탄생과 수난사』도 같은 궤도의 작품이다. 이외에도 『식스펜스 하우스』, 『틀렸다고도 할 수 없는』(이상, 모두 양철북에서 출간) 등이 한국에 소개되어 있다.

이 책 『에드거 앨런 포, 삶이라는 열병』은 2013년 미국 아마존출판사에서 "짧은 평전 시리즈"로 기획한 〈아이콘스〉 시리즈 중 한 권이다. 폴 콜린스는 이 책에서 '포'의 미스터리하고 복잡다단한 삶을 예술적 열망에 사로잡혀 명멸을 거듭한 한 천재의 일생으로 묘사함으로써, 한때 "미국의 셰익스피어"로 칭송받던 위대한 작가의 이야기를 그의 작품보다 더 극적이고 매혹적으로 그려냈다.

옮긴이 정찬형

연세대학교 학부, 고려대학교 대학원에서 정치외교학을 전공했고, 미국 콜로라도대학교에서 경영학 석사(MBA)를 취득했다. 옮긴 책으로는 『미스터리를 쓰는 방법』, 『오른쪽 주머니에서 나온 이야기』, 『왼쪽 주머니에서 나온 이야기』 등이 있다.

에드거 앨런 포
삶이라는 열병

폴 콜린스 지음 / 정찬형 옮김

에드거 앨런 포
삶이라는 열병

초판 1쇄 인쇄 2020년 9월 30일
초판 1쇄 발행 2020년 10월 14일

지은이 폴 콜린스
옮긴이 정찬형
펴낸이 정순구
책임편집 조원식
기획편집 정윤경 조수정
마케팅 황주영

출력 블루엔
용지 한서지업사
인쇄 한영문화사
제본 대원바인더리

펴낸곳 (주) 역사비평사
등록 제300-2007-139호 (2007.9.20)
주소 10497 : 경기도 고양시 덕양구 화중로 100(비전타워21) 506호
전화 02-741-6123~5
팩스 02-741-6126
홈페이지 www.yukbi.com
이메일 yukbi88@naver.com

한국어판 출판권 ⓒ 역사비평사, 2020
ISBN 978-89-7696-644-5 03990

차례

일러두기

1. 장편소설과 단행본 작품은 『 』, 단편소설과 시 는 「 」,
   신문과 잡지는〈 〉로 표기했다.
2. 작품명은 처음 나올 때만 원래의 영문 제목을 병기했다.
3. 굵은 표시를 한 것은 저자의 강조 부분이다.
4. 본문 내 작은 크기로 붙인 주석은 모두 옮긴이의 것이다.

행운아

The Child of Fortune

지난 수십 년 동안 정체불명의 남자가 매년 1월 19일 밤마다 볼티모어의 한 묘지를 찾았다. 검은 옷을 입고 모자와 스카프로 얼굴을 가린 그는 항상 에드거 앨런 포의 묘에 생일 축배를 올린 뒤, 묘지석 위에 코냑 한 병과 장미 세 송이를 남기고는 자리를 떴다. 그의 정체에 관해 아무것도 밝혀지지 않은 가운데 전통은 2009년에 중단됐고, '포의 생일 축배객'이 이미 수년 전에 죽었다는 소문이 떠돌았다. 하지만 여전히 호기심 많은 구경꾼과 기자들은 매해 묘지를 기웃거리며 감시했다. 축배객 흉내를 내는 사람들의 발걸음도 끊이지 않았다. 그들은 서로 먼저 포에게 경의를 표하기 위해 서둘러 묘지를 찾았지만, 때로는 다른 축배객들이 한발 앞서 다녀간 흔적을 발견하고는 낙담하기도 했다. 이 모든 것이 포와 완벽하게 들어맞았다. 한밤의 묘지, 미스터리한 방문객들, 미궁에 빠진 그들의 정체, 그리고 풀리지 않는 수수께끼. 심지어 사람들은 이 모든 것이 포가 사전에 기획한 것이 아닌지 의심할 정도였다.

하지만 에드거 앨런 포(탐정 추리소설의 아버지이자 공포물의 대가이고, 비평가이자 소설가이며, 시인이자 비극적인 예술가)를 이해하려면 한밤의 묘지에 서 있는 미지의 인물보다는 그 주위에서 무언가를 열심히 적고 있는 〈볼티모어 선 Baltimore Sun〉의 기자에 주목해야 한다. 바로 거기에 작가의 생생한 모습이 담겨 있기 때문이다. 포의 명성은 그의 비극에서 온 것이 아니라, 그런 비극에도 불구하고 이룩된 것이다. 그는 한평생 조심스럽게 언어를 갈고닦으며, 예술을 이해하기 위해 헌신한 사람이었지만, 한 편의 드라마와 같은 그의 삶 때문에 자주 오해를 받았다.

에드거 앨런 포는 곤궁한 예술가의 세계에서 태어났다. 그의 아버지는 독립혁명에 참가한 볼티모어의 위대한 애국자의 아들이었다. 데이비드 포 주니어David Poe Jr.는 아버지와 이름이 같은 활달한 청년이었다. 하지만 그는 가문이 정해준 법률가의 길을 거부하고 대신에 무대를 선택했다. 1806년에 그는 엘리자 아놀드Eliza Arnold와 결혼했다. 부모가 모두 영국인 배우였던 그녀는 자신도 타고난 배우였다. 아홉 살의 나이에 처음으로 무대에 오른 그녀는 열네 살 때 가족과 함께 미국을 여행하던 중 부모를 모두 잃고 고아가 되었다. 춤과 노래할 때의 매혹적인 목소리로 명성을 얻은 그녀는 셰익스피어 희곡의 줄리엣, 데스데모나, 아리엘 그리고 코델리아와 같은, 아름답고 매력적인 젊은 여배우들에게만 돌아가는 주연 자리를 자주 맡았다. 초상화에서 알 수 있듯이 짙은 곱슬머리에 무언가 생각에 잠겨 있는 듯한 우아한 모습의 그녀에 대해 당시 연극계의 후원자 중 한 사람은 "연극계의 빛나는 보석"이라고 부르며 극찬하기도 했다.

데이비드의 배우 생활은 그녀와 달랐다. 주연을 맡는 경우는 거의 없었다. 열심히는 했지만 대부분 보스턴이나 뉴욕에서 단역을 맡았고, 좌절에 빠져 힘없이 대사를 웅얼거리는 날들이 많았다. 아마도 그가 차지했던 가장 큰 역할은 엘리자의 남편 역이었는지도 모른다. 그들이 결혼을 때 엘리자는 열아홉 살로, 이제 막 전 남편과 사별한 미망인이었다. 그녀는 새 가족을 꾸리는 데 조금의 시간도 허비하지 않았다. 헨리Henry와 에드거Edgar, 그리고 로살리Rosalie까지 세 아이가 1807년과 1809년, 그리고 1810년에 잇달아 태어났다.

무대 위의 삶은 위태로웠다. 1809년 1월 19일 에드거가 태어난 다음 날 저녁, 데이비드는 보스턴의 연극 무대로 돌아갔다. 엘리자도 출산 후 3주 만에 다시 무대를 밟았다. 그들은 '포 부인을 위하여'와 같은 쇼를 통해 보스턴의 관객들에게 생계를 의지했다. 당시 예술가들은 생계를 꾸려나가기 위해 고군분투했는데, 연극계에서 하나의 문화를 형성했던 자선 쇼들이 그 증거이다. '포 부인을 위하여'가 공연되었던 달만 해도 보스턴의 각종 신문에는 '페인 씨를 위하여', '스톡웰 씨와 버나드 씨를 위하여', '반즈 부부를 위하여', '워솔 양을 위하여'와 같이 많은 자선 쇼를 알리는 광고가 게재되었다.

생활 전선에 내몰린 데이비드 부부는 어느 쪽도 에드거를 돌볼 여유가 없었다. 태어난 지 한 달도 채 되지 않아 에드거는 볼티모어의 할아버지 집으로 보내졌다. 그의 형인 헨리도 이미 같은 집에 머물고 있었다. 반년 뒤에 에드거는 부모와 재회했지만 이 신생아의 새로운 뉴욕 집은 행복하기만 한 곳은 아니었다. 맨해튼의 신문들은 중얼거리듯 대사를 읊조리거나 발음에 실패한 배우에게 일말의 관용도 베풀지 않았다. 한 비평가는 데이비드가 자신이 출연한 연극에서 '댄돌리'라는 배역의 이름을 '댄딜리'라고 잘못 발음하자 그에게 가차 없이 '바보천치'라는 딱지를 붙이고는 '댄딜리'라고 부르며 놀려댔다. 불행히도 데이비드는 그 뒤로 2년 동안 이런 상황에 어리석게 대처하고 말았다. 그는 분노에 차서 폭음을 해댔고, 급기야는 아내와 자식을 버리기에 이르렀다. 화해는 없었다. 아니, 화해가 있을 수 없었다. 영락을 거듭한 데이비드는 얼마 지나지 않아 숨을 거두었다.

그는 이제 막 태어난 병약한 딸 로살리를 두고 세상을 떴다. 로살리는 엘리자가 버지니아에서 연극 공연을 마친 직후에 태어났다. 그녀를 낳은 엘리자도 곧 병이 들었다. 1811년 11월, 리치몬드의 한 지역신문은 당시 그녀의 상황을 다음과 같이 전하고 있다.

"여러분이 잘 아는 아름다운 포 부인이 지금 병에 걸려 위중한 상태이며(그녀의 남편과 다툼 끝에 헤어져) 매우 곤궁한 상황에 처해 있다."

한 방문객에 따르면 그녀의 자식들은 "몸이 마르고 안색이 창백하며, 매우 보채는 아이들"이었는데, 그녀 대신 아이를 돌보는 나이 든 노파는 아편 한 모금이나 술에 적신 빵을 먹이며 아이들을 달래고 있었다. 그로부터 얼마 지나지 않아 〈리치몬드 인콰이어러Richmond Enquirer〉에 불길한 문구가 담긴 자선 쇼 광고가 실렸다

"오랫동안 병상에 누워 신음하고 있으며, 돌볼 아이가 많은 포 부인이 여러분의 도움을 기다리고 있습니다. **아마도 마지막이 될 이번 자선 쇼에 여러분의 도움을 간절히 부탁드립니다.**"

광고는 조금도 과장이 아니었다. 한 달 뒤, 사람들은 리치몬드의 부유한 상인인 존 앨런 John Allan과 그의 부인 프란시스 Frances가 이제 막 입양한 어린아이(그들 옆에서 약간 주눅이 든 표정으로 눈을 밟으며 아장아장 걸음을 옮기고 있는 에드거라는 이름의 어린 고아)와 함께 친구의 농장에서 휴일을 보내는 모습을 목격할 수 있었다.

그의 숙모의 말에 따르면 이제 에드거는 "진짜 행운아"가 되었다.

포는 예술가의 세계에서 태어났지만, 입양을 통해 상인의 세계에 발을 내딛었다. 그리고 이런 독특한 부모의 조합으로부터 에드거 앨런 포 Edgar Allan Poe라는 이름과 삶이 시작되었다. 엘리자 포가 탁월한 배우였던 것처럼 존 앨런도 타고난 상인이었다. 그가 운영하는 엘리스 앤 앨런 Ellis & Allan 상회에는 최고 품질의 천들은 물론 각종 악보들과 석탄 삽, 회의실 자물쇠와 창유리에 이르기까지 없는 게 없었다.

약간의 허세가 있긴 했지만 뼛속까지 철저한 상인이었던 존 앨런은 스코틀랜드계 미국인으로 1795년에 미국으로 이민을 왔다. 앨런을 잘 아는 사람들 중에는 그를 "약간 거칠고 교양 없는 사람"으로 묘사하는 사람도 있었지만, 사실 앨런은 그렇게 단순하게 말할 수 있는 사람이 아니었다. 자수성가한 많은 사람들처럼 그는 대학이라곤 문턱도 밟아보지 못했고, 문화에 대해서는 무시와 열망이 교차하는 모순된 태도를 보였다. 앨런은 셰익스피어를 인용하며 이런 자신의 심정의 일단을 내비치기도 했다.

"신이시여! 제게 글 쓰는 재능을 허락해주신다면 무엇이든 드리지 못할 것이 있겠나이까!"

통권 615호에 달하는 방대한 분량의 〈엘리스 앤 앨런 상회 상업 통신문〉이 이런 자신의 꿈을 실현하기 위한 노력의 흔적인지는 분명하지 않다. 하지만 그는 적어도 자신의 부유한 집에 문화의 덫을 놓는 데 성공했다. 그곳에서만큼은 결코 셰익스피어와 백과사전이 부족한 법이 없었고, 응접실에는 피아노가 우아하게 자리하고 있었다.

앨런 부부도 어릴 때 고아가 된 사람들이었다. 앨런은 이제 서른한 살의 젊은 나이에 리치몬드에서 남부럽지 않은 상인이 되었지만, 불행히도 그에게는 아이가 없었다. 몸이 허약한 편인 아내 프란시스와의 사이에서는 자식을 갖지 못한 것이다. 그 때문에 어린 에드거를 입양하자고 강하게 밀어붙인 것도 프란시스였다. 1812년 앨런 상회의 장부에는 좋은 말과 브랜디 같은 물품들 외에, 어린아이용 옷과 침대를 주문한 내역과 크루우프병주로 바이러스에 의해서 후두가 감염되어 생기는 병으로 신생아들에게 많이 발병함 치료를 위한 의사의 왕진 비용처럼, 숨길 수 없는 양육의 흔적들이 곳곳에 나타나 있었다.

방문객들에 따르면 에드거는 "짙은 곱슬머리에 눈은 별처럼 빛나고, 어린 왕자처럼 옷을 멋지게 차려입은 사랑스러운 아이"였다. 하지만 에드거는 지위가 위태로운 왕자였다. 존은 에드거를 정식으로 입양한 것이 아니었다. 이유는 불확실했다. 어쩌면 나중에 에드거의 친척들이, 그의 형과 누이인 헨리와 로살리에게 그랬던 것처럼, 그의 양육을 맡을 수도 있다는 생각에서 그랬는지 모른다. 어쨌든 세월이 흘러 몇 주가 몇 개월이 되고, 다시 몇 개월이 몇 년이 되자, 이제 에드거 포라는 이름은 어떤 기록에도 나타나지 않게 되었다. 새로운 이름─에드거 앨런─이 그를 대신했다. 1815년 존 앨런이 상회의 지점을 설립하기 위해 런던으로 출발했을 때, 그의 곁에는 부인 프란시스와 활달한 성격의 여섯 살 소년이 함께하고 있었다. 런던 도착을 알리는 편지에서 앨런은 편지 작성을 방해하고 있는 포에 대해 이렇게 썼다. 포의 목소리가 처음으로 등장하는 순간이었다.

"에드거는 '아빠, 저에 대해서도 편지에 써주세요'라고 얘기하고 있습니다." 앨런은 당혹감을 드러내며 그의 사업 파트너에게 계속해서 적었다. "'제가 대양을 건너가는 것을 두려워하지 않았다고 말이에요.'"

앨런 일가가 런던에 도착한 것은 1812년 전쟁이 끝나고 나폴레옹 황제가 항복한 지 채 몇 달이 지나지 않은 때였다. 그들을 맞이한 대영제국은 과도한 부채와 거리마다 넘쳐나는 퇴역 군인들로 몸살을 앓고 있었지만, 한편으로는 역사상 가장 강력하고도 평화로운 새 시대로 접어들 태세를 갖추고 있었다. 에드거가 초기 유년 시절의 추억이 가장 많은 곳이 바로 이곳, 새로운 대영제국의 심장부인 런던이었다. 그해 할로윈 직전에 앨런은 외국 생활을 시작한 에드거의 모습을 엿볼 수 있는 편지를 썼다. 편지에 따르면 가족들은 주로 거실에 놓인 따뜻한 난롯가에서 시간을 보냈는데, 앨런 부인은 바느질을 했고 "에드거는 짧은 이야기책—최근에 어린이판이 나온 『신밧드의 모험』이나 『잭과 콩나무』 같은 책—을 읽었다." 에드거는 책을 읽지 않을 때는 앨런 부인의 앵무새와 노는 것을 좋아했다. 알파벳을 따라 말할 수 있도록 훈련시킨 앵무새였다.

하지만 즐겁고 평화로운 생활은 오래가지 못했다. 에드거는 얼마 지나지 않아 짐을 꾸려 기숙학교로 들어갔다. 외국에서 온, 이제 겨우 일곱 살의 소년은 밤에는 낯선 땅 낯선 지붕 아래 잠을 자고, 아침에는 낯선 사람들과 함께 아침을 먹어야 했다. 에드거가 학교에서 벗어나 런던으로 돌아가기를 얼마나 간절히 원했는지 알고 있는 앨런 부부는 한동안 그의 사촌을 시켜서 에드거가 학교에서 도망치지 못하게 감시해야 했다.

늘 학교로부터 탈출을 꿈꾸던 에드거는 철자 교본을 공부하게 되면서 언어의 아름다움에 매료되었다. 교본은 당대의 도덕과 관습을 학생들에게 심어주기 위해 만들어진 것으로, 책에는 "건강을 위해 흰 빵을 먹어서는 안 된다"와 같은 교훈적인 내용들로 가득했다. 하지만 교본은 낭만주의가 절정을 이루던 시기에 만들어진 것이기도 했다. 교본의 맨 앞쪽에 있는 연습 문제 중 하나가 그 증거이다. 거기에는 기이할 정도로 죽은 파리를 사랑스럽게 묘사하는 대목이 나온다.

"아아! 파리가 죽어 있다. 죽은 지 꽤 지난 파리인데, 그 날개는 얇고 투명한 천과 같고, 머리는 황금과 진주를 닮아 있다. 하지만 가장 찬란한 부분은 눈동자이다. 지금은 움직이지 않아 그 진가를 다 드러내진 못하지만, 그 눈동자는 막힘없이 세상을 볼 수 있으며 아름답기는 세공한 유리와 같다."

교본의 후반부에는 장난을 좋아하는 누나들 때문에 겁에 질려 미친 나머지, 자신의 아버지를 살해한 남동생의 이야기도 나온다.

에드거 앨런은 이런 책들을 탐독했다. 1818년 그의 아버지가 미국으로 보내는 한 편지에서 자랑스럽게 적었듯이, 그는 언어에 대한 소질을 타고났다.

"에드거는 근사한 소년으로, 라틴어도 매우 훌륭하게 구사합니다."

1819년 말이 되자 대공황의 영향으로 앨런 일가는 수중에 돈이라고는 수백 파운드밖에 남지 않을 정도로 심각한 상황에 봉착했다. 결국 이듬해 여름에 그들은 미국으로 다시 돌아가기로 결심했다. 에드거가 영국을 떠난 지 오랜 뒤에도 몇몇 사람들은 여전히 그를 기억하고 있었다. 존 브랜스비 목사도 그중 한 사람이었다. 영국을 떠난 지 수십 년이 넘은 에드거에 대해 물었을 때, 존 목사는 "동작이 재빠르고 영민한 소년"이었다고 정중하게 답변하면서 여전히 그를 '에드거 앨런'이라고 습관적으로 불렀다. 그의 초등학생 시절에 대해 좀 더 캐묻자 이번에는 간단명료한 답변이 돌아왔다.

"총명하기는 했지만 다루기 힘들고 고집 센 아이였습니다."

1820년 7월 22일 자 〈뉴욕 데일리 애드버타이저New-York Daily Advertiser〉에는 "하프와 피아노, 저가 판매" 같은 광고들과 함께, 그날 뉴욕항에 마지막으로 도착한 배의 승객 명단이 실려 있었다. 당시에 대양을 가로지르는 여행이 신문에서도 특별히 언급할 만큼 대단한 것임에는 틀림없다. 하지만, 그날의 여행은 더욱 특별했다. 바로 E. A. Poe라는 상서로운 다섯 글자가 처음으로 활자화되어 대중 앞에 소개되었기 때문이다. 5년 만에 돌아온 미국 땅에서 그는 이제 더 이상 "앨런 도련님"이 아니라, 새로운 이름과 신분을 가진 건장한 열한 살 소년이었다. 그가 유년 시절에 대해 기억할 수 있는 추억은 모두 런던에서 만들어진 것이었다. 그가 배우고 익힌 각종 예의범절과 연설법, 기타 교육들도 모두 런던에 속한 것이었다. 포는 자신이 태어난 땅에서 자신이 마치 이방인이 된 듯한 낯선 감정을 느끼며 버지니아 리치몬드에서의 새 삶을 시작했다.

아직 1819년 대공황의 충격에서 벗어나지 못했던 존 앨런은 한동안 자신의 가족을 사업 파트너인 찰스 엘리스Charles Ellis에게 의탁했다. 그 시절 에드거는 리치몬드의 숲과 들을 배회하곤 했는데, 대부분 엘리스의 어린 아들, 토마스가 그의 뒤를 따랐다.

"에드거는 내게 총 쏘기와 수영, 스케이트 타기와 아이스하키를 가르쳐주었죠." 엘리스가 그 시절을 회상하면서 말했다. "그리고 익사할 뻔한 나를 그가 구해줬다는 사실도 잊을 수가 없어요."

에드거는 말썽을 잘 부렸는데, 한번은 이웃집에서 기르는 새를 쏴서 매질을 당하기도 했다. 꼼짝 못하고 집에 갇혀 있을 때면 카드 게임을 하는 아버지를 방해하느라 천을 뒤집어쓰고 유령 행세를 했고, 기절초풍해서 달아나는 토마스의 여동생 뒤를 가짜 뱀을 들고 쫓아다니기도 했다.

학교에서의 에드거는 사려 깊은 학생이었다. 라틴어 학자가 운영하는 학교에 입학한 그는 호라티우스의 시들에 매료되었다. 로마제국의 전성기인 B.C. 23년부터 발표되기 시작한 호라티우스의 시들은 "시라는 것은 청동보다 더 오래가고, 높이 솟은 피라미드보다 더 우뚝한 기념비적 존재"라는 자신의 주장을 웅변으로 입증하는 걸작들이다. 포가 라틴어로 된 호라티우스의 시들을 "친구들이 듣는 데서 자주 암송했기 때문에 뜻을 이해하기도 전에 소리만으로도 많은 라틴어를 배울 수 있었다"라고 당시 포와 함께 학교를 다녔던 친구가 회상하기도 했다.

포의 재능은 시에서도 드러났다. 아니, 시에서 특별하게 드러났다고 하는 것이 더 정확한 표현일 것이다. 당시 포가 다닌 학교의 학생들은 라틴 시를 이용한 끝말잇기 게임을 즐겨했다. 한 학생이 먼저 라틴 시의 한 구절을 인용하면, 상대방이 인용된 구절의 마지막 글자로 시작하는 새로운 라틴 시의 구절을 인용하는 게임인데, 라틴어 철자 X를 끝에 오도록 사용하는 것이 게임에서 승리하는 비결이었다. X는 단어 끝에는 자주 오지만 단어 앞에는 거의 오지 않기 때문이다. 실제 게임이 어떻게 진행되는지 궁금해하는 분들을 위해 로마시대에 호라티우스와 유베날리스가 했던 끝말잇기 게임을 조금 축약해서 소개하면 다음과 같다.

"Nec vaga cornix."

"Xanthia Phoceu, prius insolentum."

"Mittit venenorum ferax(X를 이용해서 상대방을 괴롭힌다)."

"Xerxis et imperio bina coisse vada."

"Ad summum, nec Maurus erat, nec Sarmata, nec Thrax …
(다시 한 번 X로 상대방을 궁지에 몰아넣는다)."

이런 식으로 어느 한쪽이 백기를 들 때까지 게임은 계속되었다.

에드거의 재능이 모든 과목에 유용했던 것은 아니다. 그의 학교 선생님이었던 조셉 클라크는 "에드거가 수학은 전혀 좋아하지 않았습니다"라고 말했다. 하지만 시에 관해서는 에드거에 필적할 학생이 없었다. 이미 포가 열세 살이 채 되기도 전에, 그의 아버지는 클라크 박사를 찾아가서 범상치 않은 질문을 던졌다.

"어느 날 앨런 씨가 책 한 권 분량의 시 원고를 들고 저를 찾아왔습니다." 클라크가 당시를 회상했다. "그가 말하길 원고는 에드거가 쓴 것인데, 그 어린 소년이 그것을 책으로 내고 싶어 한다고 했습니다."

클라크는 "에드거가 쉽게 흥분하는 성격"이기 때문에 책 출간으로 세상의 이목이 집중되면 흥분해서 정신을 차리지 못할 것이라고 소년의 아버지를 설득했다. 하지만 그는 에드거의 동급생들이 원고를 돌려 읽는 것은 막을 수 없었다. 그들 중 일부는 원고를 집으로 가져가서 자신의 어머니에게 보여주기까지 했다. 그들의 회상에 따르면 원고의 내용은 "주로 리치몬드의 여러 소녀들에게 바쳐진 것" 이었다.

그다음 해, 그리고 그 이후에도 여인에 대한 포의 관심은 줄어들지 않았다. 포는 학교 친구의 어머니이자 아름답고 친절한 여인이었던 제인 스타나드에게 "최초로 자신의 이상에 완벽하게 부합되는 진실한 사랑을 느꼈다"라고 뒤에 밝히기도 했다. 하지만 그녀는 건강이 악화되어 1824년에 세상을 떠났고, 그녀의 갑작스런 죽음은 포를 극도의 혼란에 빠뜨렸다. 그는 시에서 위안을 구했다. 현재 남아 있는 그의 시작 메모가 최초로 발견된 것도 이 시기였다. 그는 아버지의 사무실에서 메모지 한 장을 집어 들고 그 위에 세 줄의 시를 긁적거렸다.

수많은 번민과 고심에 짓눌린 지난밤
지친 마음, 소파에 몸을 누여 달래본다.
—시. 에드거 앨런 포 작성—

이제 열다섯 살짜리 소년에게 어울리지 않는 포의 우울함에 크게 놀란 그의 양아버지는 즉시 포의 친구들을 비난하기 시작했다. 존 앨런은 그해 가을 편지에서 이렇게 썼다.

"에드거는 아무것도 하지 않고 매우 비참해 보여. 온종일 가족들에게 화를 내고 심술을 부린다네. 그 아이가 어떻게 이 지경까지 되었는지 정말 이해하기 어려워 … 주변의 친구들 때문에 영국에 있을 때와는 전혀 다르게 행동하고 생각하는 것은 아닌가 걱정되네."

앨런이 자기 아들을 이해하지 못했을 수도 있다. 하지만 그는 아들의 친구들에 대해서는 제대로 파악했다. 포는 친구들과 어울리기만 하면 완전히 다른 사람처럼 행동했다. 포는 친모를 닮아서 노래 부르는 것을 좋아했고, 연극배우였던 그의 친부모에 대해 늘 궁금해 했다. 오랫동안 헤어져 있던 그의 형, 헨리가 포를 찾아와 잠시나마 함께 시간을 보낸 일도 과거를 상기하는 데 일조했다. 스타나드 부인의 아들, 그리고 또 다른 동급생 한 명과 함께 연극 모임을 만든 포는 때때로 입장료로 1센트를 받고 **줄리어스 시저**와 같은 연극을 무대에 올렸다. 하지만 그의 학급 친구들은 포의 운동 능력─그는 호리호리하고 날랜 육상 선수이자 힘이 넘치는 영법이 돋보이는 수영 선수였다─에 대해서는 존경을 금치 않으면서도, 연극배우로서의 그의 앞날에 대해서는 크게 미더워하지 않았다.

"우리들은 에드거의 부모님이 연극배우였고, 그가 풍족하게 살게 된 건 입양된 이후라는 사실을 모두가 알고 있었죠." 그의 학급 친구였던 존 프레스톤이 회상했다. "그 때문에 친구들은 포를 리더로 받아들이기를 거부했습니다. 그 뒤로 어린 시절을 되돌아볼 때마다 나는 이런 상황이 포의 내부에, 그렇지 않았으면 존재하지 않았을, 어떤 격렬함을 심어준 것은 아닌가 하고 생각했습니다."

이즈음 포와 그의 양부모를 둘러싼 상황은 변화를 맞는다. 불운했던 런던 생활 이후 존 앨런은 늘 빚에 시달렸고, 1824년에는 엘리스 일가와의 사업 파트너 관계도 파탄에 이르렀다. 하지만 다음 해 앨런은 충격과 안도의 감정을 동시에 경험한다. 부유한 삼촌의 죽음으로 막대한 유산의 삼분의 일에 달하는 재산을 상속받게 되었던 것이다. 하루아침에 존 앨런은 리치몬드에서 가장 부유한 사람 중 한 사람이 되었다. 빚을 모두 정리한 앨런은 벽돌로 지은 근사한 대 저택을 구입했다.

화려한 다실과 사방이 거울로 치장된 무도실을 거닐며, 포는 이제 부유한 가문의 자손으로서 자신의 앞에 펼쳐진 눈부신 앞날을 꿈꾸게 되었다. 그는 앞으로 버지니아의 유수한 신사가 될 터였다. 고등교육만 해도, 이제는 영국에 가는 것은 물론, 자신이 사는 버지이아 주를 떠날 필요조차 없게 되었다. 왜냐하면 그 전해에 토머스 제퍼슨미국 제3대 대통령이 그의 생애에서 가장 위대한 계획 중 하나(버지니아 대학의 설립)를 실천했기 때문이다. 버지니아 대학 제2회 입학생이 된 에드거 앨런 포는 학번 136번을 부여받고 대학 생활을 시작했다.

처음 몇 달은 순조롭게 흘러가는 듯이 보였다.

에드거는 샬러츠빌미국 버지니아 주의 중부에 있는 도시로 버지니아 주립대학의 소재지에서 아버지에게 편지를 썼다.

"오늘 아침에 보내주신 옷들, 즉 교복용 코트와 바지용 줄무늬 옷감 6야드, 그리고 양말 네 켤레를 잘 받았어요. 특히 코트는 정말 멋있고 저한테 꼭 맞아요."

당시 포의 걱정거리들은 처음으로 집을 떠나 생활하는 대학생이라면 의례히 가지는 것들로("타키투스의 역사 책—크기가 작은 책이에요.—과 비누를 조금 더 보내주세요.") 학교 캠퍼스에 도착한 지 일주일밖에 되지 않아 다시 집에 연락해서 다급하게 수백 달러를 부쳐달라고 한다든지, 집에 놓고 온 옷이나 다른 물건들이 생각난다든지 하는 것이었다. 그가 또 리치몬드에 두고 온 것 중에는 여자 친구인 엘미라 로이스터Elmira Royster도 있었다. 포는 지난여름 내내 사귀었던 그녀에게 충실하게 편지를 써서 보냈지만, 이내 여자 친구의 답장 없는 편지에 괴로워하는 대학 새내기들의 오래된 전통에 합류하게 되었다.

하지만 대학 내 그의 새로운 셋방—운 좋게 그에게 할당된 방 번호 13번의 기숙사—은 그에게는 자유를 상징하는 곳이자 예술적 안식처였다. 검소한 목재 가구들과 깜박거리는 수지 양초들 사이로 볼테르의 책들과 학교 도서관에서 빌려온 오래된 역사책들, 그리고 삽화가 그려진 바이런 경영국의 낭만파 시인. 조지 고든 바이런의 희귀본 책이 놓여 있었다. 포는 바이런 경의 책에 들어 있는 삽화를 보고 기숙사 천장에 시인의 실물 크기 초상화를 그려 넣었다. 이 위대한 낭만파 시인이 그리스 독립전쟁에 참전했다가 사망한 지 불과 2년도 지나지 않은 때였다. 평생을 추문에 휩싸인 채 살았지만 영예로운 죽음을 맞은 예술가에 대해 포는 열일곱 살의 청년다운 방식으로 경의를 표하고 싶었던 것이다.

그의 방 밖에서 일어나는 **추문들**은 그에게 나쁜 문제였다. 아직 캠퍼스 건물들이 절반밖에 지어지지 않고, 도서관의 목록도 다 만들어지지 않은 학교에서, 제퍼슨은 당시 교육 환경에서는 상상하기조차 어려웠던 혁신적인 실험을 진행했다. 전 과목이 선택과목으로 편성된 커리큘럼과 학생명예헌장에 기초한 학생자치제도가 바로 그 것이었다. 그러나 결과는 예상과 다르게 나타났다. 적어도 포의 대학 시절에는 그랬다. 제퍼슨의 실험은 자연 그대로의 야만적 상태까지는 초래하지 않았지만, 그의 기대대로 유토피아를 대학에 구현하는 것과는 한참 거리가 먼 결과를 낳았다. 카드 게임을 한다는 이유로 동급생을 채찍으로 때리는가 하면, 서로를 격렬하게 헐뜯는 일이 비일비재하게 일어났다. 포는 "대학 내에 있는 모든 기둥들마다 반대파를 비방하는 전단으로 뒤덮여 온통 하얀색 일색이었다"라며 놀라워했다.

말 그대로 상대방을 이빨로 물어뜯는 일도 일어났다.

"저는 이 모든 것을 보았습니다 … 그것들은 내 방문 앞에서 벌어졌습니다 … ." 포는 서로에게 이빨 물린 자국을 남긴 야만적인 싸움에 대한 목격담을 그의 아버지에게 전했다. "저는 싸움이 끝난 후에 그들의 팔을 보았습니다.(그것은 정말로 끔찍했습니다. 어깨에서부터 팔꿈치까지 온통 이빨에 물린 상처투성이였습니다.) 그리고 내 손만 한 크기의 살덩이를 도려내야 할 것처럼 보였습니다."

포는 학생들과 함께 그들이 가장 좋아하는 복숭아 브랜디를, 건배 한 번에 한 잔씩, 연신 마셔가면서 대학 생활에 녹아들려고 노력했다. 하지만 이상하게도 그런 자리에서조차 포는 마치 물과 기름처럼 다른 학생들과 섞이지 못하고 겉돌았다. 아마도 그는 자신의 예술에 대해서 좀 지나치게 진지했던 것 같았다. 포는 대학 친구들에게 개피 Gaffy라는 주인공이 나오는 단편소설을 큰 소리로 읽어준 뒤부터 "항상 화가 나 있는 포"라는 별명을 얻게 되었다.

"당시에 내가 받은, 그리고 지금도 가지고 있는, 포에 대한 인상은 아무도 그를 제대로 아는 사람이 없었다는 사실입니다." 당시 포의 동급생 중 한 명이 수년 뒤 '개피 사건'을 언급하며 말했다. "그는 항상 슬프고 우울한 얼굴을 … 하고 있었어요. 웃을 때도 … 나는 그가 진심으로 웃는 것을 본 적이 없어요. 늘 억지웃음처럼 보였지요."

다른 사람들도 포에게서 비슷한 인상을 받았다.

그의 여자 친구였던 엘미라는 이렇게 회상했다.

"그는 말수가 적었지만 근사한 남자였어요. 하지만 말을 할 때는 유쾌했죠. 그렇지만 전반적으로 그에게는 슬픔이 느껴졌어요."

이런 포의 우울한 성격은, 그 자신이 종종 암시했듯이, 그의 친부모와 그들의 비극적인 종말에 기인하는 것일지도 모른다. 하지만 비록 그것이 사실이라고 해도 포를 정식으로 입양하기를 거부한, 그리하여 이 세상에서 에드거의 자리를 불확실하게 만든 존 앨런에 의해 그의 우울증이 악화되었다는 점을 부인할 수 없다.

그렇다고 당장 포의 학교생활에 큰 문제가 발생한 것은 아니었다. 그는 두 개의 강의―'고대 언어'와 '현대 언어' 과목―를 신청했는데, 매일 이 두 과목을 번갈아가면서 아침 7시 30분부터 9시 30분까지 수업을 들었다. 강의를 듣는 일은 수월했다. 언어에 천부적인 재능을 타고난 포는 거의 아무런 준비도 하지 않고 교실에 들어갔다. 포의 신입생 시절은 1826년 12월, 제퍼슨의 공화당 동료이자 후계자였던 제임스 메디슨과 제임스 몬로가 주관한 시험을 끝으로 막을 내렸다. 라틴어에서 최고점을 받은 포는 프랑스어에서도 우수한 성적을 기록했다.

하지만 포는 행복하지 않았다. 당시 대학 생활에 적응하지 못한 이 젊은 시인에게 연민을 가지고 그의 애기를 잘 들어주었던 윌리엄 워튼베이커—도서관 사서로 일했던 동료 학생—에 따르면, 이즈음 포는 학업을 포기할 결심을 굳히고 있었다. 학교에서 보내는 마지막 날 밤에는 기숙사 방에 있는 가구를 부수어서 난방용 장작 대신 사용할 정도였다.

"매우 추웠던 12월의 어느 날 밤이었습니다." 워튼베이커가 말했다. "그의 난롯불은 거의 꺼지기 직전이었습니다. 하지만 그는 방금 전에 자기 손으로 부순 탁상 나무 조각들과 수지 양초로 곧 난롯불을 다시 지폈습니다. 우리는 다시 따뜻한 난로 옆에서 대화를 나누며 유쾌한 시간을 보냈습니다."

포는 아직 열여덟 살이 채 되지 않았다. 동급생들 중 가장 어린 그였지만 워튼베이커는 포를 한 명의 어엿한 학자로 대접했다. 포가 추가 학점을 받기 위해 다른 동급생들은 감히 시도할 생각조차 않았던 이태리어 번역 과제를 해내는 것을 본 뒤부터였다. 하지만 이 도서관 사서도 그 전날까지 자신의 젊은 천재 친구가 큰 문제에 봉착해 있다는 사실을 알지 못했다. 이제 잔불만 남은 난롯가에서 포는 워튼베이커에게 자신의 비밀을 털어놓았다. 집에서 대학 생활에 필요한 돈을 충분히 받지 못한 포는 가장 빠르지만 결국은 재앙으로 끝날 수밖에 없는 해결 방책에 의존했다. 포는 엄청난 도박 빚에 시달리고 있었다.

"포는 회환에 잠겨 그가 헛되이 써버린 엄청난 액수의 돈과 그가 맺은 부채 계약에 대해 얘기했습니다." 워튼베이커가 말을 이어갔다. "부채 규모는 총 2,000달러였는데, 그는 그것이 도박 빚이었음에도 불구하고 최대한 빨리 갚아서 명예를 회복하겠다고 진지하면서도 단호하게 얘기했습니다."

전기 작가들은 그동안 왜 앨런이 포에게 충분한 돈을 부쳐주지 않았는지에 대해 의아하게 여겼다. 하지만 1세대 대학생들에게 그것은 전혀 미스터리가 아니었다. 앨런은 대학 문턱을 밟아보지 못한 이민자였다. 그가 이해할 수 있는 것은 사업, 중·고등학교, 그리고 가끔씩 지불되는 개인 교습 비용 따위가 전부였다. 포의 이름이 맨 꼭대기에 놓인 버지니아 대학 합격자 명단이 실린 〈리치몬드 인콰이어러〉에는 리치몬드 현지에서 운영되는 다수의 '예비 신부 학교' 광고도 같이 게재되어 있었는데, 이것도 앨런이 아는 세계에 속했다. 하지만 그는 대학 생활에 필요한 시간과 돈, 그리고 순수한 지적 호기심의 계발과 같은 것에 대해서는 무지했다. 포가 앨런에게 돈에 쪼들리고 있다고 불평했을 때 양부는 자신의 아들에게 『돈키호테』 따위나 읽으면서 교육을 허비하고 있다고 쏘아붙였다.

포는 공휴일이나 빙휘 때 리치몬드를 방문했다. 그에게는 이미 신용 없는 사람이라는 딱지가 붙어 있었다. 여자 친구에게 보내는 편지는 아버지에 의해 차단됐으며, 사람들을 만날 때마다 잠복하고 있는 채권자들이 포를 맞이했다. 설상가상으로 샬러츠빌의 상인들이 존 앨런에게 에드거의 옷값과 세탁비, 장작값 등을 대신 갚으라고 독촉을 해댔다. 사실 얼마 전 버지니아 은행의 이사로 임명되기까지 한 존 앨런의 능력으로 보면 그 정도는 아무것도 아니었다. 하지만 그는 거절했다. 대신 비용을 지불하기는커녕 빈털터리에다가 이제 열일곱 살밖에 안 된 아들에게 받으라고 호통을 치면서 채권자들을 돌려보냈다.

이제 포에게 남은 유일한 선택은 비록 월급은 받지 못하더라도 아버지의 상회에서 일을 하면서 제대로 된 상인 수업을 받을 기회를 엿보는 것뿐이라는 것을 깨달았다. 불과 며칠 전까지 전직 대통령들에게 라틴어와 프랑스어 번역을 해주던 학생이 이제 사실상 존 앨런의 노예 신세로 살아가야 할 위기에 봉착하게 된 것이다.

"앨런 씨는 나름대로 훌륭한 분이었지만 에드거는 그를 좋아하지 않았습니다." 앨런 일가와 가까웠던 지인 중 한 명이 뒤에 이렇게 회상했다. "앨런 씨는 영리하고 빈틈없는 사람이었습니다. 긴 매부리코에 짙은 눈썹 아래 작지만 예리하게 빛나는 눈을 가진 그는 볼 때마다 한 마리 매를 연상시키는 남자였습니다. 그는 화가 나면 종종 에드거를 내쫓겠다고 얘기했고, 에드거가 자신의 자비에 의존하고 있다는 사실을 한순간도 잊지 않길 바랐습니다."

엄밀하게 말하면, 에드거는 여전히 앨런 일가의 손님이었고, 궁핍한 고아였다. 정식으로 입양된 적이 없기 때문이었다. 1827년 3월, 채권자 요청으로 포의 재산을 압류하기 위해 나타난 집달관은 포의 재산 상태에 놀라지 않을 수 없었다. 그는 "압류할 재산이라곤 하나도 없다"라는 보고서를 적고는 앨런의 저택을 빈손으로 걸어나갔다. 이제 채권자들에게 남은 방법은 포를 교도소에 집어넣는 것뿐이었다. 그 주의 마지막 날, 포는 도망을 쳤다.

포가 처음에 간 곳은 그렇게 먼 곳이 아니었다. 리치몬드의 어느 여관에 짐을 푼 포는 다음과 같은 선언을 편지에 긁적였다.

"나의 결심은 분명하다. 당신의 집을 떠나 이 넓은 세상에서 당신과는 다르게 나를 대해줄 곳을 반드시 찾을 것이다."

하지만 하루 뒤, 돈 한 푼도 없이 굶주림에 지친 그는 비통한 심정으로 앨런에게 두 번째 편지를 썼다.

"저는 지금 극도로 궁핍한 상태입니다. 어제 아침 이후 어떤 음식도 먹지 못했고, 밤에 잘 곳이 없어 거리를 배회하고 있습니다. 지쳐 쓰러질 것만 같습니다⋯."

편지 말미에는 눈물로 얼룩지고 미처 구두점도 찍지 못한 추신이 적혀 있었다.

"저는 단돈 1센트도 없이 굶주리고 있습니다"

그 뒤 에드거 앨런 포는 그대로 다시 사라졌다.

그로부터 일주일 뒤, 존 앨런이 전혀 걱정하지 않는 목소리로 퉁명스럽게 말했다.

"나는 에드거가 돈을 벌기 위해 선원이 되었다고 생각합니다."

하지만 그해 봄, 피터 피스라는 이름의 버지니아 사람이 보스턴의 부둣가를 방문했다가 그가 익히 아는 얼굴을 우연히 발견했다. 헨리 르 레닛Henri Le Rennet이라는 이름을 쓰고 있는 창고 직원이었다.

"에드거!" 피스는 반가워하며 소리쳤다. 창고 직원은 화들짝 놀라며 그를 골목으로 끌고 갔다.

"포는 자기 이름을 크게 외치지 말라고 사정했습니다." 포의 먼 친척뻘인 피스는 당시 상황을 이렇게 기억했다. "포는 집을 떠난 이유가 성공하기 위해서라고 말했습니다. 그리고 크게 성공할 때까지는 신분을 숨기고 싶다고 했습니다."

하지만 성공은 그의 편이 아니었다. 적어도 그때까지는 그랬다. 창고회사의 상사는 "헨리"를 속여서 그의 월급을 가로챘다. 그 뒤 에드거는 보스턴의 한 신문사에 원자재 담당 기자로 취직했지만 얼마 지나지 않아 신문사는 그의 월급과 함께 파산했다. 수양 가족에게 버림을 받은 포는 이제는 뿔뿔이 흩어져 살고 있는 그의 형제들과 보낸 지난날을 회상하거나, 그가 오랫동안 사랑해온 시를 쓰면서 위안을 찾았다. 선원이자 시인 지망생으로서의 분주한 삶에 매어 있던 자신의 형, 헨리 포를 만날 기회가 에드거에게는 별로 없었는데, 그해 1월 헨리는 〈새터데이 이브닝 포스트Saturday Evening Post〉에 자신의 첫 번째 시들을 발표했다. 그리고 그즈음 그들의 어린 누이, 로살리도 몇 편의 시를 썼다. 고통스러웠던 1827년의 몇 개월 동안, 데이비드와 엘리자, 그리고 에드거까지 이 세 남매들은 시의 세계에서 다시 하나가 되었다.

다시 무일푼이 된 포는 절망에 빠졌다. 그는 밀린 월세 때문에 쫓겨나 거리를 떠돌다가 결국은 잊힐 신세가 될 위기에 처했다. 이제 포에게 시는 이 세상에 자신의 흔적을 남길 수 있는 마지막 수단이 되었다. 어렵사리 몇 푼의 돈을 구한 자칭 '르 레닛'은 자신만큼이나 젊은 인쇄업자 지망생을 찾아내서는 그에게 익명으로 얇은 시집을 내줄 것을 주문했다. 그의 첫 번째 시집이자 당시로서는 마지막 시집처럼 보였던 『타멀레인과 그 밖의 시들*Tamerlane and Other Poems*, 저자 : 보스턴 사람By A Bostonian』이었다.

40쪽짜리의 허름한 시집으로, 세상에 잘 알려지지 않은 『타멀레인과 그 밖의 시들』의 저자는 얼핏 들으면 마치 독자들에게 자신의 시집을 읽을 필요가 없다고 간청하듯이 말을 하고 있다.

"이 작은 시집에 실린 그나마 좋은 시들도 저자가 아직 열네 살이 채 지나지 않은 시기에 쓴 것들이다."

익명의 저자는 짧은 서문에서 자신의 시에 대한 변으로 이렇게 선언한 것이다.

전기 작가들은 종종 포가 익명을 즐겨 쓰고 어린 나이를 앞세우는 이유에 대해 자신의 시에 대한 비판을 피하기 위해서라고 설명을 해왔다. 하지만 이는 특별한 근거가 없을 뿐만 아니라 포가 평생 자신의 재능을 거리낌 없이 사용했다는 점을 감안할 때 받아들이기 어려운 믿음이다. 사실 포 자신이나 그와 같은 시기에 리치몬드에 살았던 사람들의 말을 종합해보면, 포가 최초로 자신의 시집을 발간하려고 한 것은 1821~1822년이었다. 아마도 그가 보스턴에서 출간한 시들은 당시의 시들을 대폭 손본 것이거나 아니면 전혀 새로운 것들이었겠지만, 그가 열두 살 꼬마 때부터 품어왔던 꿈에서 그 시들이 비롯되었다는 점은 분명하다. 그가 가명에 의지한 이유는 쉽게 설명할 수 있다. 그는 채권자를 피하고 싶었던 것이다. 연방 정부가 빚을 갚지 못한 채무자를 교도소로 보내는 것을 법으로 금지한 것은 한참 뒤의 일이었다. 책 표지에 자신의 이름을 싣는 것은 단순히 신랄한 비평을 감수하는 것보다 훨씬 더 심각한 위험에 포를 빠트릴 수 있었다.

그의 시집이 다루고 있는 주제들은 바이런 경이나 토마스 무어 같은 낭만파 시인에게 사로잡힌 젊은 시인에게서 익히 예상할 수 있는 것들—청춘과 사랑, 그리고 그것들의 상실, 덧없는 세월과 야망—이었다. 그의 시 「꿈들Dreams」에서 "나는 행복했다. 하지만 그건 꿈속에서만이었어"라고 선언한 포는 시집의 마지막에 실린 시 「가장 행복한 날The Happiest Day」에서 상실의 참담한 느낌을 선명하게 그려내고 있다.

가장 행복한 날, 가장 행복한 시간
내 쓰리고 참담한 마음은 알고 있지요
더없이 높은 자부심과 권력에 대한 희망,
이제 사라지고 없음을 느끼고 있죠.

권력에 대한 희망을 물었나요? 네! 그런 게 있었죠
하지만 그건 오래전에 사라져버렸죠!

젊은 날의 비전도 있었지요—

하지만 그대로 흘러가게 놔두세요.

이 시로 당시 버지니아의 신사 지망생들이 어떤 이루지 못할 꿈들을 꾸고 있었는지 유추해보는 것은 시에 대한 하나의 타당한 접근법이라고 볼 수 있지만, 그렇다고 해서 그것들이 포의 꿈이었다고 얘기하는 것은 지나친 해석이라고 할 수 있다. 작가의 삶이 그의 예술 작품에 대해 많은 것을 얘기해주긴 하지만 그 반대의 명제는 성립하기 어렵다. 작품마다 그것이 만들어진 저마다의 배경이 존재하며, 작가의 삶이 구체적인 작품마다 그대로 투영되는 것은 아니다. 한 예술가의 작품으로 자서전의 빈칸을 메워가는 것은 결국 그의 작품과 자서전 둘 모두를 호도하게 될 뿐이다.

어쨌든 청춘과 그 시절의 열병과도 같은 야망의 상실은 낭만파 시들의 전통적인 주제들이다. 포의 시에서 이런 주제들을 만나는 것은 그 시절에 쓴 시들에서 "Pass"와 "Grass", "Night"와 "Light" 같은 신경에 거슬리는 각운들을 손쉽게 접할 수 있는 것처럼 결코 놀라운 일이 아니다. 또한 그는 진부하다는 느낌이 들 정도로 "비전"이나 "꿈", "꿈들" 같은 모호한 어휘를 즐겨 사용했으며, 급기야 이들을 제목에까지 등장시키기도 했다.

하시만 포는 대시 부호를 이용해서 극석인 중난을 만들어내는데 매우 능했다는 점에서 다른 낭만파 작가들과는 결을 달리한다. 음악의 쉼표처럼 구두점을 이용하는 것—콤마는 한 박자, 대시 부호는 두 박자, 콜론은 세 박자, 마침표는 네 박자—은 18세기의 전통이었는데, 포는 어린 시절에 접했던 철자 교본을 통해 언어의 리드미컬한 사용법을 습득했다. 하지만 무엇보다 놀라운 것은 1인칭 "나"와 2인칭 "당신"의 사용법이다. 포에게 "나"와 "당신"은 단순히 저자와 독자의 관계가 아니었다. 에드거 포, 에드거 앨런, 에드거 앨런 포, 그리고 헨리 르 레닛에 이르기까지 네 개의 이름으로 다채롭게 살아온 자신의 경험을 통해, 포는 신비롭고 전적으로 허구인 인물의 목소리를 작품 속에 구현하는 법을 배웠다.

이런 포의 특징을 「타멀레인Tamerlane」—포 스스로 가장 뛰어나고 성숙한 작품이라고 자평한 시—보다 더 극명하게 보여주는 작품은 없다. 그 시에서 화자는 명확한 정체성과 목소리를 얻는다. 그의 박자와 운은 행과 행을 눈에 보이지 않게 하나로 묶으며 점점 더 대화를 닮은 시를 향해 나아간다. 하지만 이 시가 제목처럼 터키의 전설적인 정복자티무르의 흥망성쇠라는 역사적 사실을 다루고 있는 것은 아니다. 그는 오늘날의 독자에게는 더 이상 익명의 존재가 아닌, 이 책의 저자 '보스턴 사람'이 새롭게 구현한 허구의 인물이다. 「타멀레인」의 첫 부분은 흡사 버림받은 아들의 불행을 묘사해 놓은 듯하다.

죽음의 순간에야 맛보는 따뜻한 위안!
그것은, 아버지라는 삶의 부분은, 나의 것이 아니었다 —

포는 자신이 구축한 허구적 세계를 통해 침상에 누워 죽음을 맞이하고 있는 타멀레인을 묘사하고 있다. 여기서 타멀레인은 젊은 날의 사랑을 저버리고 무자비한 정복의 길에 나섰던 지난날을 후회하며 그의 제국을 "절망의 왕국"이라 부른다. 재앙에 가까운 청춘의 상실("내게 젊음은 한순간도 없었다.")과 무자비한 삶의 유한성에 대한 인식이 이 시의 곳곳에 나타나고 있다.

아버지, 나는 굳게 믿어요─
나는 알아요─ 저 멀리 천국으로부터
죽음이 나를 찾아오고 있다는 것을
속일 아무것도 남아 있지 않은 그곳,
나를 맞이하듯 철문이 살짝 열려 있어요…

하지만 죽음을 알리는 철문 사이로 사라지는 것은 포의 삶이 아니라 그의 시집인 『타멀레인과 그 밖의 시들』인 것처럼 보였다. 포의 작은 시집은 단 한 줄의 서평도 받지 못했다. 많은 시인의 첫 번째 작품들처럼 그것은 참담한 침묵에 봉착했다. 하지만 40쪽짜리 시집을 발간하느라 쓴 돈을 벌충하기 위해 발버둥치고 있는 보스턴 부둣가의 가련한 점원에게 그것은 하등 중요한 문제가 아니었다. 세상이 그와 그의 작품을 알아주는지 여부에 상관없이 불안한 노망자 신세인 에드거 앨런 포의 내면에 무엇인가 변화가 일어나고 있었다. 이제는 돌이킬 수 없는 변화였다. 포는 이제 어엿한 작가가 되었다.

병 속에서 나온 수기

Manuscript Found in a Bottle

『타멀레인과 그 밖의 시들』의 출간 후 저자를 만나고 싶어 수소문 끝에 보스턴 부둣가를 찾은 독자가 있다면, 그는 아마도 헨리 르 레닛이 … 문자 그대로 증발해버린 것을 알았을 것이다. 포의 행적을 조사한 버지니아의 한 채권 추심 업자는 그의 채권자에게 그들의 골칫덩어리 채무자가 혁명에 참가하기 위해 외국으로 도망간 것 같다는 보고서를 올렸다.

"여러 정황상 포는 그리스로 간 것이 분명합니다. 사실 그가 거기에 있든 아니면 다른 곳에 있든 차이는 없습니다. 어차피 그는 빚을 갚을 능력이 없기 때문입니다."

하지만 만약 그가 1827년 5월 16일 보스턴을 떠나는 배의 승객 명단을 살펴보았다면, 사우스캐롤라이나에 있는 모울트리 요새로 향하는 일단의 신병들 명단에서 왠지 낯익은 이름 하나를 발견할 수 있었을 것이다. 이등병 에드거 A. 페리 Perry, 나이 21세. 도망자 생활에 지친 열여덟 살 포의 다섯 번째 화신이었다. 사실 그의 이름과 그의 행방에 대한 잘못된 추측들은 모두 신문 기사에서 비롯되었다.

그 주에 발행된 대부분의 신문에 보스턴의 그리스 위원회가 보내는 구호물자를 싣고 곧 그리스로 출항할 배에 대한 기사가 일제히 실렸던 것이다. 하지만 포의 이름에 대해 그의 버지니아 대학 동급생 중 한 명은 당시에 나온 다른 신문 기사에 근거해 좀 더 쉽고 직관적인 설명을 하고 있다. 그는 그 주에 런던에서 자신의 탐사선을 이끌고 북극을 향해 출발한 탐험가 윌리엄 페리 선장에 대한 흥미진진한 보도 내용이 아마도 포에게 작명의 영감을 제공했을 것이라고 설명했다. 포는 오래전부터 지구의 신비스러운 극점(북극과 남극은 사람들에게 미지의 존재였다. 어떤 이는 극점에 너무 가까이 가면 거대한 구멍에 빨려 들어가 세상에서 사라지게 된다고 믿었다.)에 매료되어 있었다. 이제 새로운 삶을 향해 모험을 시작하려고 하는 젊은이에게 이보다 더 어울리는 이름이 있을까?

모울트리 요새까지의 항해는 험난했다. 폭풍을 만나 배 한 척을 잃은 끝에 포의 연대는 간신히 목적지에 도착했다. 하지만 섬에 위치한 요새는 페리 선장의 북극만큼이나 황량했다.

"사방이 온통 바다 모래였다." 뒤에 포는 이렇게 썼다. "나무는 눈을 씻고 봐도 찾기 어렵고, 여름에 찰스타운의 먼지와 열기를 피해 도망친 피서객들에게 빌려주는 낡고 형편없는 목조건물들이 간간이 서 있었다."

하지만 군대 생활은 이상하리만치 포와 잘 맞았나. 군대는 포의 생전에 한결같이 그의 재능을 인정하고 지지해주는 유일한 곳이기도 했다. 포병 부대에 배속된 포는 포탄을 신속히 준비하는 훈련을 받았다. 이제 "페리"는 더 이상 의식주 문제로 고민할 필요가 없었다. 한 달에 10달러라는 많지 않은 월급을 받았지만 마음은 푸근했다. 5년의 복무 기간 중 채 2년이 지나지도 않아서 포는 병사로서 올라갈 수 있는 가장 높은 계급인 원사로 진급했다.

그는 군대에서도 계속해서 시를 쓰고 또 수정했으며 심지어는 잡지에 시를 몰래 출품하기도 했다. 포는 당시 〈노스 아메리칸 *North American*〉에 시를 발표하고 있던 형, 헨리 포의 필명인 'W.H.P.'를 사용했다. 아직 도망자 신세인 포에게는 불가피한 위장이었다. 1827년 11월 3일, 역시 헨리의 필명 아래 발표된 「파편 *A Fragment*」이라는 이름의 짧은 산문도 포의 작품이었다. 총으로 머리를 쏴서 자살하기 직전인 흥분 상태의 주인공을 일인칭시점으로 묘사한, 그다지 뚜렷한 특징은 없는 소설이었다.

"세상에! 손을 이렇게 떨고 있다니 … 아니야! 그건 등의 깜박거림 때문이야 … 더 이상은 안 되겠어 … 그래 이 총 … 내가 장전을 해놨지 … 아주 새 총알로 … 성능이 좋은 놈이지 … 이제 곧 내 심장에 가서 박힐 거야 … 하지만 이해할 수 없는 죽음 … 너는 도대체 누구냐?"

얼핏 보면 포의 작품처럼 보이지 않지만, 사실 소설 속의 화자는 그의 후기 작품들에 나오는, 정신이상에 막무가내인 등장인물들과 놀랄 만큼 닮아 있다. 에드거 앨런 포가 열여덟 살에 발표했지만 수 세기 동안 헨리의 이름 아래 감춰져 있던 「파편」은 아마도 포가 처음으로 쓴 소설 작품 중 하나일 것이다.

1828년이 다 끝나갈 무렵, 더 이상 진급할 기회가 주어지지 않는

군 생활에 회의를 느낀 포는 5년의 복무 기간을 조기에 끝낼 방도를 찾아나섰다. 포는 장교가 되기 위해 웨스트포인트 사관학교에 들어가고 싶었다. 가장 좋은 방법은 그의 남은 복무 기간을 대신할 사람을 내세우는 것이었다. 그러려면 돈이 필요했다. 오랜 침묵을 깨고 존 앨런에게 편지를 쓴 포는 자신의 잘못을 뉘우치면서 그에게 자신의 계획을 밝히고 도움을 청했다.

"나는 이제 아버지가 알던 예전의 내가 아닙니다. 더 이상 목적도 일관성도 없이 방황하는 어린 소년이 아닙니다."

앨런은 처음에는 포의 편지를 무시했다. 하지만 그해 2월, 아내 프란시스의 죽음이 그의 마음을 약하게 만들었다. 그녀의 장례식이 끝나고 며칠 후 마침내 수양아버지와 그의 아들은 조심스럽게 화해를 했다. 1829년 4월, 썩 내켜하지는 않았지만 어쨌든 그를 위해 편지를 써준 앨런과 "포는 행실이 바르고 술도 마시지 않는다"라고 매우 훌륭하게 추천서를 써준 직속상관 덕분에 에드거 A. 페리는 명예롭게 군 복무를 마쳤다.

포는 그해의 대부분을 혈육들이 있는 볼티모어에서 웨스트포인트의 입학 허가를 기다리며 보냈다. 하지만 곤궁한 상황 때문에 그의 형 헨리와 상봉한 기쁨은 오래가지 못했다. 에드거는 다시 존 앨런에게 편지를 썼다.

"단돈 1센트도 없이 … 이상한 곳에서 … 할머니는 지긋히 가난한 데다 몸에 마비가 와서 고생하고 있고, 마리아 숙모도 여전히 궁핍합니다. 헨리는 완전히 자포자기해서 술만 마시고 있기 때문에 저는 말할 것도 없고 형 자신도 챙길 능력이 없습니다."

　이런 곤궁과 고단함 속에서도 포는 어떻게든 돈을 만들어 잡지사에 시를 부쳤지만 효과는 신통치 않았다. 〈아메리카 먼슬리 *American Monthly*〉의 저명한 편집자인 N. P. 윌리스는 그의 독자들에게 익명으로 온 원고를 불태우는 즐거움을 "몸을 깊숙이 숙여 불길이 편지를 삼키는 걸 지켜보는 것은 정말 짜릿하다"라고 적었는데, 분하지만 포의 시「동화의 나라*Fairy-Land*」도 그런 운명을 피하지 못했다. 하지만 〈양키*Yankee*〉의 편집자 존 닐 같은 사람도 있었다. 그도 포의 시를 발간해준 것은 아니지만 적어도 그에게 격려를 아끼지는 않았다.

　"만약 포가 앞으로도 계속 지금처럼 시의 전편에 걸쳐 최고의 시구들을 써내려갈 수 있다면, 그는 빛나는 시인들의 세계에서도 우뚝한 존재가 될 것이다."

　포는 마음을 굳게 먹고 각고의 노력을 했다. 1829년 말, 그는 적은 분량의 시집 한 권을 새롭게 발간했다. 『알 아라프, 타멀레인, 그리고 소품들*Al Aaraaf, Tamerlane, and Minor Poems*』이었다. 아마도 존 앨런이 못마땅해하면서도 결국에는 재정적 지원을 해준 덕분이겠지만, 이번에는 포도 자신의 이름을 감추지 않았다. 비록 싸구려 종이로 만들어지긴 했지만 어엿이 책표지에 "저자, 에드거 A. 포"라는 문구가 자랑스럽게 인쇄되어 있었다.

　시집에는 제목의 전반부를 차지하는 미완의 작품「알 아라프*Al Aaraaf*」와 함께 그의 첫 번째 시집에 실렸던 작품들을 대폭 수정한 시들이 수록되었다. 「알 아라프」는 예술가에게 나타나는 전형적인 2년차 중후군으로, 자기 능력을 한참 벗어난 일들을 벌이는 증상이나 사람을 현학적으로 일컫는 말이다. 하지만 그것은 예술가라면 마땅히 가져야 할 증상 중 하나다. 작가로 성장하기 위해서는 야망이 필요하며, 「알 아라프」는 야망과 동전의 양면과 같은 관계이기 때문이다. 하지만 무엇보다도 중요한 것은 모든 작가는 열정적으로 작품을 쓰되, 다 쓴 뒤에는 냉정하게 그것을 편집해야 한다는 점이다. 포는 기꺼이 자신의 옛날 시들을 가차 없이 해체하여 그것을 새롭게 재구축함으로써, 자신이 진정한 전문가라면 가져야 할 치열한 장인 정신(대부분의 아마추어들을 빨리 지치고 힘들게 하는 원인이기도 하다.)의 소유자임을 보여주고 있다.

하지만 그의 전문가 정신은 웨스트포인트에서는 발휘되지 않았다. 1830년 6월, 포는 순조롭게 훈련을 마치고 장교가 될 수 있으리라는 기대를 안고 사관학교에 입학했다. 하지만 그는 곧 자신의 사병 경력이 거의 쓸모가 없다는 사실을 깨닫고 충격을 받았다. 엄격한 일상생활(해 뜨자마자 기상하여 오후 4시까지 수업, 이어지는 군사훈련, 저녁 식사 후 취침 전까지 다시 수업)에 지친 포는 다시 술을 입에 대고 일탈을 일삼기 시작했다.

"다들 포를 재능 있는 친구라고 여겼습니다." 버지니아 출신으로 포와 같이 입학한 한 사관생도는 집으로 보내는 편지에서 이렇게 썼다. "하지만 포는 시에 너무 미쳐 있어서 수학 같은 과목은 좋아하지 않았습니다."

포가 정말로 좋아한 일은 교수를 놀리는 시를 쓰는 것이었다. 시는 동기생들의 열렬한 환영을 받았다. "그는 종종 매우 공격적인 시를 쓰곤 했습니다." 그의 기숙사 룸메이트가 당시를 회상하며 말했다. "나는 그렇게 증오심이 강한 사람은 지금까지도 보지 못했습니다."

1831년 1월, 고의로 점호와 수업을 빼먹는 일이 반복된 끝에 포는 결국 웨스트포인트에서 쫓겨났다. 하지만 아직 그곳에는 그의 빛나는 재능을 아끼고 존경하는 사람들이 많았다. 사관학교 교장도 그중 한 명이었다. 그는 포가 동급생들을 대상으로 모금할 수 있도록 허락했다. 웨스트포인트를 떠날 당시 수중에 고작 24센트밖에 없었던 포는 그때 모금한 돈으로 충분히 이후의 생계를 위해 쓸 수 있었다. 하지만 그는 자신의 세 번째 시집인 『시집Poems』의 발간을 위해 돈을 쓰겠다고 약속했다. 총 232명에 이르는 포의 동기생 중 131명이 모금에 참여했고, 그들은 각각 1.25불씩을 포의 시집 발간에 보탰다.

하지만 그들은 기대했던 것을 제대로 얻지 못했다. 미 육군사관학교에서 쓰였고, 또 그곳에 바쳐지기로 예정되었던 『시집』은 그 뒤에 많은 시들(지나치게 낭만적인 시들)이 수정되었고, 여섯 편의 짧은 시들도 새롭게 추가되었다. 포는 『시집』에 실린 「잠든 사람 The Sleeper」을 그의 대표작 중 하나로 손꼽았다. 「잠든 사람」은 포가 삶과 죽음의 경계 상태에 매료되어 있음을 최초로 암시한 작품으로, 시의 전반부에서 아름다운 여인의 죽음을 놓고 낭만파다운 사색의 뜰을 조용히 거닐던 시인이 후반부로 들어서자 놀라울 정도의 비통한 톤으로 급변한다.

> 무덤 하나, 멀고 외진 곳,
> 어린 시절 그녀는 입구에
> 돌을 던지며 시간을 보냈지―
> 무덤 하나, 그녀는 이제 더 이상
> 소리 나는 문에게서 메아리를 자아내지 못하네
> 생각하니 아찔하구나, 가여운 죄의 씨앗!
> 숨죽여 신음하는 죽음.

아쉽게도 『시집』에는 포의 동기생들이 기꺼이 모금에 동참하면서 기대했던 그의 풍자가 빠져 있었다. 시집은 종이만 조악했을 뿐 아니라 여백도 일반적인 시집에 비해 너무 듬성듬성했다.

"말 그대로 형편없는 물건이었습니다." 포의 룸메이트는 나중에 이렇게 적었다. "녹색 판지로 장정을 하고 허름한 종이에 인쇄를 해서 누가 봐도 싸구려로 만든 책임을 알 수 있었죠."

오늘날 당시 원본을 갖고 있다면 적지 않은 돈을 벌 수 있을 거라는 의견도 있지만, 한 동기생이 자신이 갖고 있던 책에 다음과 같이 갈겨 씨놓은 것처럼 전혀 다른 생각을 하는 사람도 많다.

"빌어먹을! 이 책은 사기다."

그 뒤 빈털터리에 병까지 얻은 포는 그해 봄 볼티모어로 돌아가 다시 그의 친척들과 함께 살기 시작했다. 그들의 형편은 일 년 전 포가 떠날 때에 비해 나아진 게 없었다. 그리고 얼마 지나지 않아서 훨씬 더 나빠졌다. 그의 형 헨리는 그해 여름 맹위를 떨친 콜레라 때문에 스물넷의 나이로 세상을 등졌다. 하지만 연이은 불행 가운데 작은 위안들도 있었다. 어릴 때부터 가까웠던 숙모, 마리아 클렘Maria Clemm의 존재도 그중 하나였다. 그녀는 생활력이 강하고 든든한 엄마가 되어 있었다. 포는 한 번도 가져보지 못한 존재였다. 시간이 지나면서 그녀의 어린 딸인 버지니아Virginia도 점차 포의 관심을 사로잡았다.

하지만 그들은 여전히 극심한 가난에 시달렸다. 1831년 말, 포는 빚 때문에 다시 한 번 감옥에 갈 위기에 봉착했다. 포는 고인이 된 그의 형을 돕기 위해 빚졌던 80달러를 대신 갚아달라는 내용으로 한 달에 걸쳐 아버지에게 다시 편지를 썼다. 존 앨런은 점점 격해지는 포의 편지들을 앞에 놓고 고심에 고심을 거듭했다.

"당신의 작은 애정이나마 받아본 것이 언제인지 이제는 기억도 잘 나지 않지만," 존의 다루기 힘든 아들이 그에게 애처롭게 호소했다. "한때 당신이 소중하게 여겼던 아이를 위해, 그리고 당신의 무릎에 앉아 당신을 아버지라고 부르며 재롱을 떨던 제게 가졌던 애정을 생각해서, 제발 이번 한 번만 제 부탁을 저버리지 말아주세요…."

결국 존 앨런은 포에게 수표를 끊어 보냈다. 그리고 그 수표와 함께 포에게 희망이 찾아왔다. 1832년 1월, 〈필라델피아 새터데이 쿠리어*Philadelphia Saturday Courier*〉가 개최한 문예 공모전에 소설을 출품한 포는 비록 입상은 하지 못했지만 많은 사람의 주목을 끌었고, 〈필라델피아 새터데이 쿠리어〉에 자신의 작품을 실을 수 있게 되었던 것이다.

포의 초기 소설은 종종 지루하고 현학적인 풍자문학으로 읽혀졌다. 하지만 그건 기교의 부족 때문은 아니었다. 포의 초기 공포 풍자물인 「메첸거슈타인*Metzengerstein*」은 그의 후기작들과 똑같이 불길한 주문으로 시작되었다. 또한 「봉봉*Bon-Bon*」에 나오는 대화를 보면, 포가 이미 우스꽝스러운 경련성 대화를 완벽하게 구사하고 있다는 것을 알 수 있다.

"선생님, 진심으로 말씀드려서 … 나는 … 나는 … 맹세코 … 다시 말해서 나는 … 나는 … 잘 모르 … 잘 모르겠습니다 … 큰 명예에 대해서는 … ."

하지만 포의 그 작품들은 명실상부한 공포물로 보기에는 부족한 면이 있었다. 특히 설득력 있는 화자가 부족했다. 포가 문학적 장치로 즐겨 사용하는 두려움과 공포의 감정을 생생하게 만들기 위해서는 카리스마 있고 광기에 찬 일인칭 화자의 존재가 필요했다.

포가 자신이 가진 소설적 재능의 일단을 최초로 선보인 작품은 「결정적인 손실*A Decided Loss*」이다. 여기에서 화자는 목이 졸려 거의 죽다가 살아나고, 산 채로 부검을 당하며, 고양이에게 코를 물어뜯기고, 교수대에 매달리며, 다시 산 채로 부검을 당하는 등 불행하지만 어딘지 모르게 우스꽝스러운 상황을 계속해서 만난다. 이 작품은 잡지 〈블랙우드 에든버러 매거진*Blackwood's Edinburgh Magazine*〉에 실리곤 했던 본격 일인칭 판타지 소설인 이른바 '역경 이야기들*predicament tales*'을 패러디한 것인데, 거기에서도 산 채로 매장당하고, 울리고 있는 교회 종 밑에 깔리며, 사고로 펄펄 끓는 양조 탱크 안에 빠져 산 채로 익어가는 등장인물들이 묘사되었다. 지금도 그렇지만 당시에도 "선정주의 문학"은 등장인물 자체보다는 그들이 불러일으키는 분위기가 중요했다. 당시의 포는 비록 형식을 모방하는 데는 성공했지만, 이를 넘어서서 자신만의 작품 세계를 구축하는 방법에 대해서는 배운 바가 전혀 없었다.

〈필라델피아 새터데이 쿠리어〉는 〈블랙우드 에든버러 매거진〉과 전혀 별개의 매체였지만, 그 사실은 포에게 전혀 도움이 되지 않았다. 〈필라델피아 새터데이 쿠리어〉는 포에게 원고료를 거의 주지 않았던 것으로 알려졌다. 아마 한 푼도 주지 않았을지도 모른다. 수양 가족의 도움도 이제는 기대하기 어려웠다. 재혼한 존 앨런은 더이상 포의 편지에 애써 답장하려 들지 않았다. 포는 거의 무일푼으로 살아갔다. 간간이 얻어지는 벽돌 공장 일자리로는 입에 풀칠하기도 어려웠다. 상황이 이렇다 보니 1833년 6월 볼티모어에서 발간되는 잡지 〈새터데이 비지터*Saturday Visiter*〉가 "문학 장려를 위해" 공모전을, 그것도 "최우수작에게 50달러의 상금을 지급"하는 조건으로 개최한다고 발표했을 때 포가 어떤 반응을 보였을지는 누구라도 쉽게 상상할 수 있을 것이다.

하물며 실제 공모 결과 최우수상을 받은 포가 어떤 반응을 보였는지는 굳이 언급할 필요도 없으리라.

　포는 한두 편의 단편소설을 제출한 다른 참가자들과는 달리 자신이 그동안 써놓았던 단편소설 모두를 공모전에 제출했다. 심사위원들은 그중에서 「병 속에서 나온 수기 *Manuscript Found in a Bottle*」를 최우수작으로 선정했다. 「병 속에서 나온 수기」는 바다를 표류하던 중에 우연히 유령선에 타게 된 어떤 남자가 남극의 끝까지 여행하면서 벌어지는 이야기를 담은 해양소설로, 남자는 유령선이 남극의 심연 속으로 빨려 들어가기 직전에 자신이 승선한 뒤에 기록한 내용을 적은 수기를 병에 담아 바다에 던진다. 한번 읽으면 쉽게 잊을 수 없는 이 작품에서 포는 자신이 만든 기괴하고도 악몽 같은 세계 속 깊숙한 곳까지 독자들을 데려갈 수 있는 신뢰할 만한 화자를 만들어 내는 데 최초로 성공한다.

　〈새터데이 비지터〉의 편집자인 존 라트로브가 그들의 최우수작 수상자를 방문했을 때, 그는 상금 50달러가 포에게 어떤 의미인지를 한눈에 알아차렸다.

　"포는 예의 바르고 정중한 남자였습니다. 오랫동안 그렇게 살아온 것처럼 보였지요." 라트로브가 기억을 더듬으며 말했다. "그는 검은 옷을 입고 있었습니다 … 흰색이라고는 눈을 씻고 찾아봐도 없었죠. 코트와 모자, 신발, 그리고 장갑은 모두 낡아서 닳은 것들이었지만 수선이나 솔질이 잘되어 있어서 흉하게 보이지 않았어요. 다른 사람들이 입었다면 분명히 남루하게 보일 정도로 낡은 옷이었지만, 이 사람에게는 그렇게 얘기하지 못하게 만드는 무엇인가가 있었습니다. 하지만 그럼에도 불구하고 전체적인 제 느낌은" 라트로브가 덧붙였다. "적절한 때 포에게 상금이 주어졌다는 것입니다."

수상은 포에게 더 귀중한 것도 가져다주었다. 바로 저명 작가라는 명성이었다. 그는 이제 더 이상 재능 있는 신인 작가가 아니라 이미 일가를 이룬 직업 작가들의 당당한 동료가 되었다. 특히 공모전 심사위원 중 한 명으로 남부 출신의 저명한 소설가이자 존경받는 변호사인 존 펜들턴 케네디는 아직까지 불안해 보이는 그들의 수상자를 형제와 같은 관심을 갖고 대했다. 그는 포가 발간을 꿈꾸던 소설 선집인 『폴리오 클럽 이야기*Tales of the Folio Club*』의 작업을 계속하도록 격려했다. 1833년 말, 선집 발간 계획이 〈새터데이 비지터〉 내부에서 잠시 논의가 되었지만 얼마 못가서 중단되었다. 케네디는 필라델피아의 출판업자인 헨리 캐리에게 포의 원고를 보내 출판을 부탁했지만, 캐리는 계속 주저하며 결정을 내리지 않았다.

포는 〈새터데이 비지터〉에 이런저런 잡문들을 게재하며 생활해 나갔다. 비록 수입은 보잘 것 없었지만 이후에 벌어진 일을 생각하면 그나마 다행한 일이었다. 1834년 봄, 병고에 시달리던 존 앨런이 사망했을 때 그의 유언장에는 포의 이름이 단 한 줄도 언급되지 않았다. 이 부유한 상인은 여덟 채에 달하는 집을 포함해 막대한 부동산을 소유하고 있었고, 그 밖에도 여러 은행과 금광들에 대한 지분도 갖고 있었지만, 포에게 남겨진 유산은 아무것도 없었다.

그 이듬해인 1835년, 포는 그의 일생에서 가장 어둡고 견디기 힘든 시기 중 한때를 맞이한다. 출판업자 헨리 캐리는 끝도 없이 포의 선집 발간을 망설이기만 하다가 결국 포기했고, 교사가 되려고 한 포의 노력도 실패했다. 존 펜들턴 케네디는 당시의 포를 이렇게 기억했다.

"내가 볼티모어에서 포를 만났을 때, 그는 거의 아사 직전이었다."

한번은 포가 케네디의 저녁 식사 초대를 거절한 적이 있는데, 포는 거절의 변으로 "정말 부끄럽지만 제 몰골이 너무 형편없기 때문"이라고 적어 보내기도 했다. 케네디는 포에게 옷을 빌려주고 말도 쓸 수 있게 했지만, 일자리까지 마련해주지는 못했다.

하지만 포가 머지않아 일감을 찾을 수 있으리라는 희망적인 신호가 곧 그를 찾아왔다. 신문에 다음과 같은 기사 제목이 실린 것이다. "문예 잡지 〈서던 리터러리 메신저 *Southern Literary Messenger*〉가 버지니아 리치몬드에서 창간 예정. 발행인 토마스 W. 와이트"

걸음마 단계에 머물고 있던 미국의 잡지 산업은 1830년대에 비약적으로 발전했다. 증기 인쇄기를 사용하기 시작했고 증기기관차와 증기선을 이용한 수송이 가능해지면서 잡지들이 대량으로 인쇄되어 미국 전역의 구독자를 찾아갔다. 날마다 새로운 잡지들이 홍수처럼 쏟아져나왔다. 하지만 문예 잡지들의 수명은 길지 않았다. 〈서던 리터러리 레지스터 *Southern Literary Register*〉와 〈서던 리터러리 가제트 *Southern Literary Gazette*〉만 해도 불과 몇 년을 넘기지 못했다. 처음에는 〈서던 리터러리 메신저〉의 운명도 이들과 크게 달라 보이지 않았다. 하지만 와이트는 열심히 저명 작가들과 접촉했다. 특히 존 펜들턴 케네디와의 만남에 많은 공을 들였다. 1835년 4월, 케네디는 포에게 공포소설인 「베레니스 *Berenice*」와 「모렐라 *Morella*」를 잡지사에 보내도록 설득했다. 포가 승낙하자 즉시 그는 와이트에게 편지를 썼다. 이 기아에 시달리고 있는 작가가 잡지사에 도움이 될 것이라고 강하게 암시하는 편지였다.

"그는 매우 영민한 작가입니다. 최고의 재능을 가지고 있으며 학구적이기도 합니다. 경륜은 좀 부족하지만 그가 당신에게 큰 도움이 될 것이라고 확신합니다. 그리고 아! 가여운 친구! 그는 정말 가난합니다."

절망적인 상황에 처해 있긴 했지만, 포는 자신감 있는 모습을 와이트에게 보여주고자 노력했다. 약간 답보 상태에 빠져 있던 〈서던 리터러리 메신저〉는 이미 그의 작품들에 어느 정도 매료된 상태였다. 포는 거의 강박에 가까울 정도로 "때 이른 매장"과 "유동적인 신분"이라는 소재에 집착했다. 예를 들어 「베레니스」에서 화자는 살아 있는 자신의 아내를 매장한 뒤 그녀에게서 평소 자신을 매혹시켰던 아름다운 이빨을 뽑아내고, 「모렐라」에서는 죽은 아내의 영혼이 어린 딸의 육체를 차지한다. 포가 아무런 생각도 없이 그랬던 것은 아니다. 종종 추문에 휩싸이곤 했던, 그의 새로운 편집인 와이트에게 보낸 편지에서 포는 이런 종류의 소설을 위한 시장이 있다는 점에 대해 신중하게 생각한 적이 있다고 밝혔다.

터무니없음이 고조되면 엽기를 만들고,

두려움의 빛깔이 짙어지면 공포가 됩니다.

재치를 과장하면 우스꽝스러워지고,

독특함이 기괴함과 신비스러움을 낳습니다.

당신은 아마 이 모든 것들을 나쁘다고 말할지도

모르겠습니다만, 나는 꼭 그렇지는 않다고 생각합니다 … .

하지만 제가 말한 것들이 나쁘냐 혹은 그렇지 않느냐는

사실 중요하지 않습니다. 사람들에게 인정을 받으려면 먼저

사람들이 읽는 책이 되어야 합니다. 그리고 이러한 이야기들은

언제나 많은 사람들이 열렬히 원하는 것입니다.

포는 사람들이 가치가 있다고 주장하는 것과 그들이 실제로 구매하는 것은 다르다는 사실을 꿰뚫어보고 있었다.

"중요한 것은," 포는 뒤에 다소 사무적인 톤으로 이렇게 말했다. "내용에 대한 이런저런 평가가 아니라 잡지가 얼마나 많이 팔리는가 하는 것입니다."

그렇다고 해서 그의 철학이 전적으로 금전적인 것에만 초점을 맞춘 것은 아니었다. 사실 그런 작품에도 얼마든지 예술성이 있을 수 있었다. 포가 예리하게 지적했듯이 영국의 저명 작가들도 〈블랙우드 에든버러 매거진〉에 선정주의 소설들을 발표했다. 하지만 와이트가 다른 매체에 〈서던 리터러리 메신저〉를 찬양하는 글을 써주면 대가를 지불하겠다고 제안했을 때, 포는 재치 있게 거절했다. 한

마디로 말해, 그는 돈으로 사거나 모욕을 줄 수 없는 작가였다.

1835년 8월, 포에게서 깊은 인상을 받은 와이트는 마침내 그를 고용했다. 포가 최초로 경험하는 안정적인 일자리였다. 와이트는 이런저런 핑계를 대며 포의 정확한 지위를 얘기해주지 않았지만, 포는 스스로를 편집인이라고 생각했다. 하지만 와이트의 생각도 그랬는 지는 확실치 않다. 한 가지 분명한 것은 그가 이 젊은 작가를 자신의 오른팔로 여겼다는 것이다. 포는 와이트의 서신을 담당하는 개인 비서 역할을 수행하는 한편, 기고자들이 보내오는 원고들과 씨름했다. 그뿐이 아니었다. 매일같이 타자기를 쿵쾅거리며 〈서던 리터러리 메신저〉를 위해 각종 서평과 논평 칼럼들, 그리고 그 밖에 편집인으로서 필요한 이런저런 기사들을 써댔다.

당연하게도 포의 창작 활동에는 타격이 불가피했다. 그는 한 편지에서 이렇게 털어놓기도 했다.

"편집 일 때문에 창작할 여유가 전혀 없습니다. 읽을 만한 글이라고는 전혀 못 쓰고 있습니다."

하지만 그는 일을 통해 값으로 매길 수 없을 만큼 귀중한 경험을 얻고 있었다. 게다가 그의 최근 창작 활동도 그리 진척이 있지는 않은 터였다. 포는 직원으로 합류하기 직전에 〈서던 리터러리 메신저〉에 코믹한 혹스HOAX진짜처럼 보이게 만들어낸 거짓말이나 장난 소설인 「한스 팔 Hans Pfaall」(어느 네덜란드 출신 풀무 수리공이 빚쟁이를 피해서 새로 나온 열기구를 타고 달나라까지 도망치는 이야기)을 썼다. 창의적이긴 했지만 너무 우스꽝스러워서 진지하게 읽기 어려운 소설이었다. 두 달 뒤 〈

뉴욕 선New York Sun〉의 리처드 애덤스 로크 기자가 달을 소재로 훨씬 더 정교하고 세련된 혹스 기사를 발표하자 포는 분노했다.

"그가 내 아이디어를 도용한 게 분명해!" 포가 씩씩대면서 말했다.

그것은 일생 동안 포를 따라다니며 괴롭혔던 표절 시비와의 첫 번째 조우였다. 하지만 포는 적어도 이번만큼은 표절 의혹 제기를 곧바로 거두어들여야 한다고 느꼈다. 로크는 사람을 닮은 박쥐와 사파이어로 된 거대한 피라미드 주위를 깡충거리며 뛰어다니는 비버 땅다람쥐와 비슷하게 생긴 동물로 바다삵이라고도 함의 모습을 마치 망원경으로 보는 것처럼 매우 그럴듯하게 그려냈으며, 이로 인해 〈뉴욕 선〉은 영국 런던의 〈타임스Times〉보다 더 많은 부수를 찍어내고 있었던 것이다. 결국 포는 로크의 기사가 너무 기발해서 열에 한 명도 그의 표절을 의심하지 않을 것이라는 사실을 인정하지 않을 수 없었다.

일자리를 찾아 옮겨 온 리치몬드에서의 삶은 포에게 세속적인 근심거리를 끝없이 안겨주었다. 숙모인 마리아와 사촌인 버지니아를 볼티모어에 두고 온 포는 어느 정도 성공을 거두었지만 곧 후회를 하기 시작했다. 포는 케네디에게 쓴 편지에서 연간 520달러라는, 그로서는 유례없는 연봉도 전혀 위로가 되지 않는다고 고백했다.

"저는 우울증 때문에 고생하고 있습니다 … 생활 여건은 크게 나아졌지만 비참하다는 생각을 떨칠 수가 없습니다."

와이트는 그의 조수가 폭음하는 것을 알게 되었다. 크게 놀란 그는 친구에게 "불행하게도 포가 스스로를 학대하며 방황하고 있으며

… 혹시 그가 자살했다는 소식을 들더라도 전혀 놀라지 않을 것 같다"라고 편지를 썼다. 와이트는 포를 일시적으로 해고했다. 하지만 잡지사가 제대로 돌아가지 않자 어쩔 수 없이 다시 그를 고용했다.

"아침도 먹기 전에 술부터 마신다면 어떤 사람도 견딜 수 없네!" 와이트가 어디로 튈지 모르는 그의 조수를 꾸짖었다. "누구도 그렇게는 살지 못해. 게다가 그래서는 일도 제대로 할 수 없지."

포의 가족력도 나쁜 징조였다. 그의 생부와 친형이 모두 알코올 중독자였기 때문이다. 에드거는 불안한 일이 있거나 정신적으로 힘들 때면 술에 의지했다. 그의 아버지처럼 그 역시 술을 마시면 침울해지고 논쟁적으로 변했다.

"포 선생님은 훌륭한 신사였습니다. 술을 마시지 않았을 때는 말이죠 … ." 〈서던 리터러리 메신저〉에서 사환으로 일했던 소년이 당시를 회상했다. "하지만 술만 마시면 제가 겪어본 가장 무례한 사람들 중 한 명으로 돌변했습니다."

소년은 포의 음주를 도덕적인 타락처럼 묘사했지만, 포 자신은 그렇게 생각하지 않았다. 그도 자신의 음주벽을 인정했지만 어디까지나 그것을 질병으로, 그것도 회복 가능한 질병으로 받아들였다. 실제로 포는 〈서던 리터러리 메신저〉에 복직하자마자 술을 끊었고, 리치몬드로 이사 온 숙모와 사촌동생 덕분에 마음의 안정을 되찾았다.

〈서던 리터러리 메신저〉로 돌아온 포에게는 산더미 같은 일이 기다리고 있었다. 그의 부재로 인한 공백을 아쉬워하던 〈서던 리터러리 메신저〉는 1835년 12월과 1836년 1월에 포의 「폴리치아노

Politian」를 연재했다. 1820년대에 켄터키에서 발생한 악명 높았던 삼각관계 사건을 16세기 로마를 배경으로 재현한 미완의 희곡으로, 전편에 무운시_{각운을 사용하지 않은 시} 방식을 채용한 독특한 작품이었다.

> **라라지** 무언가 해야 해! 카스틸리오네! 제발 살아야 해!
>
> **폴리치아노** 그는 죽을 거야! (퇴장한다.)
>
> **라라지** (잠시 침묵이 흐른다.)
>
> 그가 … 죽을 … 거라고! … 아아! 안 돼!
>
> 카스틸리오네가 죽는다고? 누가 죽음을 입에 올리는 거야?
>
> 여긴 어디야? 도대체 누가 그따위 소리를 하는 거야?
>
> 폴리치아노!
>
> 당신 여기 있죠? 아직 가버린 건 아니죠? 폴리치아노!
>
> 난 당신이 여기 있는 걸 알아요 … .
>
> 하지만 감히 쳐다볼 수는 없어요.
>
> 쳐다보지만 않는다면 … 당신은 가지 않겠죠.
>
> 당신의 그 입술로 제발 나에게 말을 해주세요!

「폴리치아노」는 실패했다. 〈서던 리터러리 메신저〉는 연재를 중단했고, 1923년까지 「폴리치아노」는 어떤 연극 무대에서도 상연되지 못했다. 사실 「폴리치아노」는 포의 대표적인 실패작으로 많이 인급되는 작품이다. 하지만 「알 아라프」와 마찬가지로 이런 평가는 반은 맞고 반은 틀린 얘기다. 드라마를 쓰기 시작하면서 포는 계속해서 장면(희곡에 있어서 필수적인 요소)에 대해 생각해야만 했다. 우스꽝스러운 대화와 지엽 말단적인 현학에 대한 집착들이 그의 원고에서 빠르게 사라져갔다. 적어도 이제 그것들은 더 적절하고 신뢰감 있게 작품에 활용되기 시작했다.

포의 초기 작품들은 미사여구와 익살스런 표현에 지나치게 탐닉한 나머지 글의 구성이 온데간데없어지고 작품의 신뢰성도 훼손되기 일쑤였다. 그의 멘토는 포의 이런 약점을 보자마자 알아차렸다.

"자네는 너무 튀는 데만 신경을 쓰니 비판받아 마땅하네." 「폴리치아노」가 처음 〈서던 리터러리 메신저〉에 연재된 직후 케네디는 포에게 편지를 썼다. "자네의 문제는 과장하는 것을 너무 좋아한다는 거네. 부디 그 점을 깨닫기를 진심으로 바라네. 세상에는 튀는 작가 백 명 중에 물 흐르듯 자연스럽게 쓰는 작가는 한 명밖에 없다는 사실을 깨닫길 바라네."

「폴리치아노」를 쓰면서, 또 〈서던 리터러리 메신저〉에 보내오는 기고문들을 가차 없이 편집해나가는 일은 바로 포에게 절실했던 교정 작업과 다름없었다. 한 번 읽으면 쉽게 잊기 힘든 화자를 만들어내는 포의 타고난 재능 위에 구성에 대한 관심과 노력이 새롭게 더해지면서, 포는 이제 진정한 대가의 길로 접어들고 있었다.

하지만 포는 먼저 생계를 해결해야만 했다. 그리고 결혼을 했다.

전기 작가들에게 에드거 앨런 포의 결혼은 불편한 주제이다. 포의 결혼은 두 가지 중 하나로 받아들여졌다. 혹자는 그것이 극심한 고통에 시달리는 포의 작품 속 화자들에 대한 중요한 통찰력을 제공해준다고, 거의 강박에 가까울 정도로 믿었다. 반면에 다른 사람들은 포의 결혼을 단순히 불편한 가족사로 치부해버렸다. 하지만 포의 초기 작품들을 오랫동안 신중하게 연구한 결과 첫 번째 견해는 허위임이 밝혀졌다. 그리고 당시 주법 state law에 따르면 두 번째 견해도 사실과 다르다.

　　1836년 5월, 스물한 살의 에드거는 당시 열세 살이었던 자신의 사촌동생, 버지니아와 결혼식을 올렸다. 오늘날의 독자들에게 이런 조합은 충격적이고 위법적인 것으로 다가온다. 그들의 결혼 증명서에는 버지니아의 나이가 스물한 살로 적혀 있기까지 했다. 포가 버지니아를 아주 어렸을 때부터 알았다는 점을 생각하면 이것은 명백한 거짓이었다. 하지만 그것은 전적으로 처음부터 계획된 거짓은 아니었을 가능성이 높다. 1836년에 이런 형태의 결혼은 합법이었다. 주법에 따라 사촌 간에도 결혼이 허용되었으며, 열두 살 이상 스물한 살 미만의 여성도 부모의 승낙과 두 명의 증인이 있으면 결혼할 수 있었다. 포의 숙모인 마리아가 버지니아의 결혼을 승낙했기 때문에 버지니아에게는 두 명의 증인만 있으면 됐다. 하지만 그들의 결혼 증명서에는 한 명의 증인만 존재했다. 아마도 다른 한 명의 증인은 어떤 이유인지는 모르지만 결혼식에 모습을 드러내지 않았고, 그 때문에 결혼 증명서에 버지니아의 나이를 스물한 살로 적었다고 보는 것이 가장 단순하면서도 합리적인 설명일 것이다. 스물한 살의 여인에게는 증인이 한 명만 요구되었기 때문이다. 물론 그것은 비밀 결혼식도 아니었다. 예를 들어 결혼식 몇 주 뒤에 존 펜들턴 케네디에게 보낸 편지에서 포는 자신의 결혼을 당당하게 밝히고 있다.

"나는 당신이 우리 결혼식 얘기를 들었다고 생각합니다."

하지만 여전히 의문이 남는다. 왜 군이 열세 살 소녀와 결혼을 해야 했을까?

합법적인지 여부를 떠나서 그런 생각 자체가 충격적인 것이 사실이다. 비록 나중에 포가 실제 첫날밤을 치른 것은 결혼 후 몇 년이 지나서라는 사실을 넌지시 얘기하긴 했지만 말이다. 또한 버지니아의 임신을 암시하는 어떤 기록도 없다는 사실도 이런 불편한 감정을 달래주기에는 역부족이다. 그렇지만 이 조혼의 배경에는 재정적인 이유가 있을 수 있다. 결혼 전 포는 숙모 마리아와 함께 하숙집을 열었다. 하지만 야심차게 시작한 하숙집 사업은 곧 상당한 빚만 남기고 실패로 돌아갔다. 하지만 포와 그의 가족들은 실망하지 않았다. 그들에게는 또 다른 원대한 꿈이 있었다. 그것은 포의 돈키호테 같은 생각에서 비롯되었다. 그는 버지니아 주가 오래전에 세상을 떠난 자신의 할아버지, 데이비드 포 시니어에게 약간의 돈을 빚지고 있으며, 언젠가는 그 돈을 갚을 것이라고 믿고 있었다. 만약 포가 믿는 대로 향후에 버지니아 주가 해결 방안을 마련한다면, 포는 아버지 쪽 친척인 버지니아와 결혼함으로써 이미 고인이 된 아버지와 어머니 몫까지 해서 삼중으로 보상을 받을 수 있었다.

하지만 무엇보다도 포는 버지니아가 운명적으로 자신의 여인이 될 사람이라고 믿은 것 같다. 그것도 아주 일찌감치부터. 지인들은 그들이 서로를 극진하게 아끼고 사랑하는 부부였다고 입을 모아 말했다.

"포는 그녀를 매우 자랑스럽게 여기고 좋아했습니다." 어떤 방문객이 당시를 회상했다. "그리고 마르고 약간 우울해 보이는 자신의 모습과는 달리, 어린아이답게 둥근 얼굴에 통통하게 살이 오른 어린 부인과 어울리는 것을 매우 즐거워했죠. 그녀도 포를 숭배하다시피 따랐습니다."

포는 자신의 월급 대부분으로 그녀에게 가정교사를 구해주고, 하프와 피아노를 사주는 데 다 썼다. 그해 봄의 어느 일요일, 잠시 포의 집을 방문한 편집인 램버트 월머는 "버지니아에게 열심히 수학을 가르치고 있는 포"를 목격하기도 했다.

포 자신도 마치 학창 시절로 다시 돌아간 것 같았다. 잡지 〈서던 리터러리 메신저〉에서 거의 모든 종류의 책들에 대한 서평을 써야 했던 포는 골상학^{두개골의 형상을 통해 인간의 성격과 심리적 특성 및 운명 등을 추정하는 학문}(더 이상 웃음거리가 아니었다.)과 해상 항해 매뉴얼(일하는 내내 수치적 정확성에 대한 주의가 요구되었다.), 그리고 식물 분류(모든 지각 있는 사람들의 호의를 받아 마땅하다.)에 이르기까지 모든 것들을 머릿속에 집어넣어야 했다. 편집의 전문성과 권위를 보여주기 위해 필요한 때는 백과사전과 도서관의 책들을 베꼈고, 사실상 군더더기에 불과한 긴 인용문들도 많이 활용했다.

하지만 〈서던 리터러리 메신저〉에 들어오는 각종 원고들 중에서 포의 관심을 가장 많이 받은 것은 소설과 시였다. 물론 포의 관심이 언제나 따뜻한 것은 아니었다. 포는 〈블랙우드 에든버러 매거진〉으로부터 선정주의 소설과 함께 비평의 기풍도 함께 흡수했다. 그것은 한마디로 비타협의 정신이었다. 포는 종종 영국 문학작품에 대해서는 가볍게 넘어가곤 했지만 미국 문학작품에 대해서는 약점을 사정없이 공격했다. 특히 그는 형편없는 작품을 단순히 작가가 미국인이라는 이유로 더 좋아하는 그릇된 민족주의를 경멸했다. 조잡한 구성과 그릇된 문법, 그리고 서툰 운율 때문에 포한테 맹공격을 당한 사람들 중에는 「폴 울릭 *Paul Ulric*」("모든 면에서 경멸을 금할 수 없다."), 「고뇌에 찬 남자의 인생 이야기 *Ups and Downs of a Distressed Gentleman*」("독자들에게 폐가 된다."), 「어느 시인의 고백 *The Confessions of a Poet*」("이 작품에서 가장 눈에 띄는 것은 인쇄된 종이의 조악함이다.")의 저자들도 있다.

그렇다고 포가 칭찬에 인색했던 것은 아니다. 그의 칭찬은 세심하기 이를 데 없는, 기교에 대한 자신의 생각과 밀접하게 연관되어 있다. 예를 들어 신분이 바뀌는 이야기를 다룬 로버트 버드 Robert Bird의 풍자적인 소설 「셰퍼드 리 *Sheppard Lee*」에 대한 호의적인 서평에서 포는 다음과 같이 얘기한다.

"훌륭한 화자는 마치 저자가 현실에 대해 굳은 믿음을 갖고 있는 것처럼 얘기해야만 한다. 하지만 동시에 저자가 현실에 있을 법하지 않은 경이로운 세계에 놀라듯이 얘기하기도 해야 한다. 때문에 그는 독자에게 자신의 얘기를 믿으라고 공공연히 주장하지도, 또 그것을 기대하지도 않는다."

다시 말해서 저자는 오로지 자신의 문학적 장치를 구축하는 데 전념해야만 하며, 이를 위해 필요한 기교들을 부릴 줄 알아야 한다. 지나친 설명을 한다거나, 독자들로 하여금 얘기의 무대가 있을 것 같지 않은 세계로 어느 틈에 바뀌었는지 알아채게 해서는 안 된다. 포는 자신이 소설에서 지키고 있는 핵심 원칙을 이렇게 말하고 있다.

"작가는 믿기 어려운 현상을 독자들에게 친절하게 설명하는 것에 의지하지 않는다. 그의 관심은 등장인물을 통해 있을 법하지 않은 현상들과 결국에는 환하게 드러나는 진실을 묘사하는 데 있다. 이를 통해 부지불식간에 가장 생생한 인간 지성의 결과물이 만들어지며, 독자들도 저자의 유머를 기꺼이 인식하고 받아들인다. 그리고 그에 따르는 고통도 감수한다."

하지만 독자들은 포의 혹평에 더 주목했다. 포에게 가장 심한 공격을 받은 책은, 시어도르 페이Theodore Fay가 1835년에 쓴 『노르만 레슬리Norman Leslie』였다. 썩 뛰어나지 않은 이 책은 〈뉴욕 미러 New York Mirror〉의 편집인이 쓰고 해당 신문과 지인들의 도움으로 발간된 것으로, 당시 신흥 작가였던 포가 분개해 마지않던 뉴욕 출판 문화의 모든 것을 보여주는 책이었다. 포는 책에서 문법이 틀린 문장들과 그 밖의 실수들을 찾아내어 "어린 학생만도 못한 것들"이라고 가차 없이 공격했다. 포는 이런 공격이 새로운 비평문학의 지평을 여는 것이라고 생각했다. 하지만 다른 이들도 그렇게 생각했는지는 확실치 않다.(뉴욕에서 발간되던 한 잡지사는 포에 대해 "적의 두피를 벗겨야만 자기가 이겼다고 생각하는 인디언들과 똑같다"라고 말하기도 했다.)

비록 흔쾌히는 아닐지라도, 포 역시 살면서 자신의 비평에 대해 후회했던 순간이 있었을 것이다. 작가와 비평가로 동시에 살아가는 것은 기만적이며 위태로운 안락함에 젖게 만든다. 비평이라는 것은 작업에는 시간이 별로 걸리지 않지만 그만큼 돈이 별로 되지 않으며, 무엇보다도 작가로서의 명성을 쌓는 일에서 멀어지게 만든다. 비평의 효과는 독자들의 뇌리에는 오래 머물지 않지만, 작가의 직업적 관계에는 오랫동안 부정적인 영향을 미친다. 한 달만 지나면 잡지도, 비평의 기억도 다 사라진다. 하지만 포가 페이의 작품을 놓고 얘기했듯이 "선량한 미국인의 상식에 대한 공개적이고도 지독한 모욕으로 들리는 수많은 헛소리들" 같은 꼬리표를 자신에게 붙이는 사람에게, 작가는 아마도 영원히 적개심을 버리지 못할 것이다.

포는 확실히 뉴욕에 친구가 필요했다. 1836년 6월, 그의 『폴리오 클럽 이야기』 원고는 다시 한 번 참담하게 외면당한 채 그의 손에 돌아왔다. 이번에는 출판사 하퍼 앤 브라더스Harper & Brother's였다. 그들에 따르면 포의 선집에 수록된 많은 작품들은 이미 잡지를 통해 발표된 것들이었다. 더군다나 "그것들은 서로 독립된 짧은 작품들로 구성되어 있습니다. 우리의 오랜 출판 경험에 따르면, 이런 두 가지 측면 모두 종류를 불문하고 책의 성공적인 발간에 심각한 장애 요인이 됩니다 … 잡지에 발표된 작품, 그것도 앞에 언급한 종류의 작품을 재발간하는 것은 모든 문학적 성과물 중에서도 가장 상품성이 없습니다."

포의 불행이 혼자만의 것은 아니었다. 같은 해, 너새니얼 호손

Nathaniel Hawthorne도 유사한 이유로 『열두 번도 넘게 들려준 이야기*Twice-Told Tales*』의 발간을 거절당하고 충격에 빠졌다. 놀라운 점은 오늘날에도 작가들이 출판사들로부터 정확히 똑같은 거절을 당하고 있다는 것이다. 단편소설은 여전히 잘 팔리지 않고 있으며, 기성작가들조차도 그것을 일종의 사치라고 생각한다. 어찌어찌 이전의 소설들을 모아서 한 권으로 선집을 만들어내는, 속이 뻔히 보이는 장사를 할 만큼 출판사들은 어리석지 않다. 그리고 대형 출판사에서 펴낸 첫 번째 작품이 실패한다는 것은 종종 침묵의 사망 선고로 여겨진다.(작가들에게는 그렇지 않을지 모르지만, 그 사실을 알면서도 그들의 두 번째 작품을 사들이는 편집인에게는 그러하다.)

포는 처음에는 이런 사실을 부정했다. 그는 또 다른 출판사에 그의 선집을 사달라고 부탁했지만 모두 허사였다. 1836년 말에 이르자 하퍼 앤 브라더스의 거절이 의미하는 냉혹한 진실은 더 분명해졌다. 포의 작가로서의 경력은 막다른 길로 치닫고 있었다. 설상가상으로 편집자로서의 그의 경력 또한 파국을 맞았다. 포의 음주벽과 계속 늘어나는 빚을 더 이상 참지 못한 〈서던 리터러리 메신저〉의 발행인은 마침내 총명하지만 항상 골칫거리인 직원을 해고하기로 결심한다. 이번에는 다시 포를 부를 가능성도 없었다.

세 달 후, 포는 작가들과 편집인들, 그리고 서적상들도 가득 들어찬 맨해튼의 어느 행사장에 참석하여 건배를 제안하고 있었다. "뉴욕의 잡지사들을 위하여!" 포가 크게 건배사를 외쳤다. "그리고 그들의 저명한 편집인들과 서로 간의 활발한 협력을 위하여!"

그것은 제1회 "뉴욕 서적상들의 밤" 행사에서 이루어진 수많은 건배 중 하나였다. 1837년 3월 30일, 맨해튼 한복판에 위치한 위풍당당한 호텔에서 개최된 이날 행사에는 소설가 워싱턴 어빙에서 제임스 페니모어 쿠퍼에 이르기까지 수많은 작가들이 참석했다. 심지어 유명한 사전 편찬자인 노아 웹스터도 직접 노구를 이끌고 참석하여 "좋은 책들이 훌륭한 독자들을 만나거나 더 만들어질 수 있기를!" 하는 희망 속에 자신의 잔을 높이 들어올렸다. 포에게 이날의 행사는 처음으로 자신을 동료들에게 소개하는 소중한 기회였다. 산산조각난 리치몬드의 삶을 뒤로하고 성공을 위해 맨해튼으로 삶의 무대를 옮겨온 그는, 곧 자신이 미국 출판 산업의 중심지에 입성했다는 사실을 깨달았다.

하지만 아직까지 포는 그 무대의 주인공이 아니었다. 포는 우선 남부 출신의 평론가로 맨해튼 문단에 이름을 알리기 시작했다. "뉴욕 서적상들의 밤" 행사에서 같은 테이블에 앉아 식사를 함께 했던 바로 그 작가들이 포의 먹잇감들이었다. 하지만 아직까지 포의 이름을 아는 사람은 거의 없었고, 그날 행사를 상세히 취재한 신문 기사들 어디에도 포의 이름은 언급되지 않았다.(사실 포는 그의 새 동거인이자 고서 판매상인 윌리엄 고완스의 손님 자격으로 이날 행사에 참석했다.) 하지만 포에게는 그 자리에 꼭 있어야 할 충분한 이유가 있었다. 참석한 출판인들 사이에 제임스 하퍼가 있었기 때문이다. 에드거는 하퍼가 거절 편지를 보내면서 충고한 대로 그들을 위한 새로운 소설을 쓰고 있었다.

그해에 『아서 고든 핌의 이야기*The Narrative of Arthur Gordon Pym of Nantucket*』 중 처음 두 개의 장이 〈서던 리터러리 메신저〉에 연재되었다. 첫 번째 장은 기본적으로 친구들이 겪는 위기일발의 모험담이고, 두 번째 장은 칠흑같이 어두운 선창에 갇힌 어느 밀항자의 이야기였는데, 이때만 해도 이 작품은 거의 소설처럼 읽히지 않았다. 하지만 이제 포는 그 어느 때보다도 진지한 자세로 소설을 쓰고 있었다. 그는 그리니치빌리지작가 등 예술가들이 많이 사는 뉴욕의 주택 지구에 있는 하숙집에서 마리아 숙모와 버지니아, 그리고 고완스와 함께 거의 숨어 지내듯이 살면서 무서운 속도로 소설을 써내려갔다. 소설에 대한 뜨거운 열정에 고무된 포는 군대 시절 이후 가장 절제된 삶을 이어갔다. 고완스는 당시 포의 생활을 이렇게 증언했다.

"나는 포가 그렇게까지 철저히 술을 외면하고 지낸 시간을 본 적이 없었다."

고완스에 따르면 포는 아내와 숙모의 헌신적인 보살핌 아래 "일찍 자고 일찍 일어나는 규칙적인 생활"을 하며 집필에 전념했다. 드디어 그해 6월 말, 하퍼 앤 브라더스는 새 책을 위한 지적재산권을 신청했고, 재정적인 문제 때문에 잠시 발간이 지체되었던 포의 책은 1838년에 서점에 배포되었다.

독자들은 책에서 남극까지 배를 타고 밀항하다가 천신만고 끝에 살아남은 주인공 핌이 자신의 경험담을 삭가인 포에게 소실로 쓰게 했다는 설명을 듣게 되는데, 핌이 어떤 얘기를 했는지는 책의 부제에서 일목요연하게 소개되고 있다.

1827년 6월, 남태평양 제도로 향하던 미국 국적의 램퍼스호에서 일어난 반란과 잔혹한 살상의 이야기. 생존자들에 의한 배의 탈환과 표류, 그리고 기근으로 인한 끔찍한 경험의 기록. 영국 범선 제인 가이호에 의한 구조와 남극해를 향한 짧은 항해, 그리고 남위 84도 부근의 군도 사이에서 벌어진 배의 탈취와 학살에 대한 증언. 믿기 어려운 모험과 발견들 너머 저 멀리 남쪽 끝에서 꿈틀대고 있는 재앙.

『아서 고든 핌의 이야기』는 무미건조한 도입부로 시작하지만 점차 해적과 살인, 식인과 유령선이 끝도 없이 이어지는 악몽 같은 이야기로 변하고, 잠깐 선보이는 남극으로의 환상적인 여행도 선원들과 원주민들이 모두 학살되는 끔찍한 비극으로 막을 내린다. 포는 그의 주인공을 탈출시키는 방법을 알지 못했다. 결국 포는 주인공인 핌과 그의 친구 피터스가 남극에 도달해서 지구 중심까지 이어지는 거대한 구멍을 발견하는 순간 그들 눈앞에 알 수 없는 기이한 존재가 나타나는 장면을 끝으로 갑자기 책을 끝내버린다.

"이제 우리는 폭포의 품속으로 달려간다. 마치 폭포의 거대한 틈이 입을 활짝 벌리고 우리를 어서 오라 환영하는 듯하다. 아! 우리 앞에 마치 수의를 입은 사람처럼 보이는 존재가 몸을 일으키고 있다. 그것은 이 세상 사람 누구보다 몸집이 크고, 피부색은 눈처럼 완벽하게 새하얗다."

그것은 좀처럼 잊기 어려울 만큼 인상적인 장면이었다. 하지만 동시에 적당히 얼버무리며 작품을 끝내려는 시도이기도 했다. 작가도 그것을 알고 있었다.

소설을 쓰는 것은 포에게 어려운 작업이었다. 비록 그가 "우리는 양질의 짧은 글을 쓰는 사람이 평범한 대중소설을 쓰는 사람에 비해 능력이 떨어지는 사람이라는 주장을 믿지 않는다"라고 〈서던 리터러리 메신저〉를 통해 당당하게 외치기는 했지만, 그것이 자신의 경험에서 나온 얘기는 아니었다. 그는 얘기를 길게 끌고 나가는 방법을 알지 못했다. 『아서 고든 핌의 이야기』는 분명히 『폴리오 클럽 이야기』만큼 여러 편이 합쳐진 작품은 아니었지만, 그래도 기본적으로 중편소설 세 편(밀항 모험담, 인내담, 그리고 실낙원 이야기) 정도의 분량이 되는 작품이었다. 포는 앞쪽 두 개의 장에서는 마치 학생들이 화물선 밀항 방법에서 펭귄에 이르기까지 온갖 분야에 걸쳐 쓴 보고서를 그대로 베껴 쓰듯이 채워나갔다. 이런 표절 아닌 표절은 포가 책의 후반부 세 개의 장에서 과학의 맹아적 형태를 혁신적으로 소설에 도입하면서 사라진다.(다만 남극의 고대 문자인 상형문자를 잘난 척하면서 계속 언급하는 부분은 옥에 티다.) 나무들과 "바위 그 자체가 소설"이 되는 곳, 그리고 물조차도 "보는 각도에 따라 빛깔이 바뀌는 비단"처럼 여러 결을 지닌 점성의 자줏빛 액체로 나오는 곳에 관한 글을 써나가면서, 포는 지극히 창의적인 이야기꾼으로 변해갔다.

문학계 인사들과 독자들은 바로 이 후반부에 열띤 반응을 보였다. 한 비평가는 이 작품을 "매우 영리하게 씨내러간 화려한 오락물"이라고 했고, 또 다른 비평가는 "핌의 모험은 유례를 찾아볼 수 없을 정도로 흥미진진하다"라고 선언하기도 했다. 비록 몇몇 사람들이 사기라고 평가절하를 하긴 했지만, 얼마 전에 성공한 남극 탐험에 대한 대중들의 열광과 당시 유행하고 있던 지구 공동설 지구의 속이 비어 있으며, 양극(남극과 북극)에 그 비어 있는 속으로 들어갈 수 있는 입구가 있다는 이론으로 19세기에서 20세기 초에 걸쳐 유행함에 힘입어 포의 소설은 영국에서 재발간될 정도로 대중들의 관심을 많이 받았다.

포 자신은 만족하지도, 부자가 되지도 않았다. 당시 포와 대화를 나눈 편집인 에버트 다익킹크는 "그가 소설의 성공에 그렇게까지 큰 자부심은 느끼지 않는 것처럼 보였다"라고 회상했다. 그렇다고 해서 포가 자신의 소설을 실패로 받아들였다는 것은 아니다. 자신도 『아서 고든 핌의 이야기』에 흠이 있다는 사실을 분명히 인정했지만, 그럼에도 불구하고 『아서 고든 핌의 이야기』는 포의 가장 뛰어난 문학적 성과물 중 하나로 손꼽을 수 있을 만큼 포가 심혈을 기울여 쓴 작품이었기 때문이다. 예를 들어 조난당한 핌을 구하기 위해 온 네덜란드 배를 묘사하고 있는 10장을 살펴보자. 배의 선원들은 핌에게 접근하면서 난간 밖으로 몸을 내밀어 그에게 힘내라고 격려를 보낸다. 하지만 그 배가 사실은 알 수 없는 재앙 때문에 벼락을 맞아 죽은 시체들로 가득한 유령선이며, 갈매기들이 시체의 장기를 쪼아 먹으면 그들의 뻣뻣한 몸이 다시 살아 움직인다는 사실이 뒤에 밝혀진다. 실로 포의 최고의 단편소설에 비견될 만큼 공포심을 자아내는 광경을 탁월하게 묘사하고 있는 명장면이 아닐 수 없다.

그렇지만 『아서 고든 핌의 이야기』는 포의 생계에는 큰 도움이 되지 않았다. 포는 책이 나올 무렵 가족들과 함께 필라델피아로 다시 이사를 갔고, 그곳에서 공무원이 되고자 필사적으로 노력했다.(그는 한 편지에서 "이제 내게 음주벽이라는 습관은 털끝만치도 없다"라고 했다. 그러고는 "나는 그런 나쁜 행동을 완전히, 그리고 조금의 어려움도 없이 버렸다"라고 덧붙였다.) 하지만 일이 잘 풀리지 않자 포는 어쩔 수 없이 석판인쇄공 일을 배우게 된다. 그의 집을 방문한 한 친구에 따르면 포는 "정말로 식량 부족 때문에 고통스러워하고 있었다."

포는 생계를 해결하기 위해 자신이 글의 저자임을 밝힐 수도 없는 잡문들을 신문에 팔기도 했다. 이 시기의 몇 달간 포가 정확히 어떤 글을 썼는지에 대해서는 거의 알려진 것이 없다. 참으로 포에게는 절망스럽고 굴욕적인 시기가 아닐 수 없지만, 동시에 이 시기는 미국 역사에 길이 남을 천재 문학가의 가장 비범했던 시절이 이제 막 태동하는 때이기도 했다.

빛나는 가능성
The Glorious Prospect

1838년에 들어서면서 어느덧 포가 출판을 위한 창작 활동을 해온 지도 11년이 훌쩍 넘어가고 있었다. 옛날 길드 시대라면 도제에서 출발하여 숙련 기술공을 거쳐 장인이 되기에 충분한 시간이었다. 방금 소설 한 편을 탈고한 포는 이제 작가로서의 자신의 능력이 한껏 성숙했음을 느낄 수 있었다. 그는 편집인 에버트 다익킹크에게 자주 이렇게 말하곤 했다.

"「리지아 *Ligeia*」는 의심의 여지없이 제가 지금껏 쓴 작품들 중에서 최고입니다."

그의 작품 중에 이런 영예에 어울리는 경쟁작들이 많긴 하지만, 포가 자신의 숙련 기술공 시절의 끝자락에서 쓴 「리지아」가 그의 첫 번째 걸작이라는 사실은 명백하다.

1838년도 9월호 〈아메리칸 뮤지엄 *American Museum*〉에 발표된 「리지아」는 미국이 낳은 위대한 작가로서 에드거 앨런 포의 등장을 세상에 알린 작품이었다.

"놀라운 일이지만 언제, 어떻게, 혹은 정확히 어디서 처음으로 리지아를 알게 되었는지 전혀 기억이 나지 않아요."

이렇게 인상적인 대사로 시작되는 「리지아」는 화자의 강인했던 첫 번째 부인이 이미 세상을 떠났지만, 그녀가 병으로 죽어가고 있는 소심한 두 번째 부인의 몸을 차지하는 얘기를 다룬 소설이다. 이 작품은 모호하고 알아듣기 어렵지만, 일단 한 번 들으면 뇌리에서 떨쳐 버리기 어려울 만큼 기이한 주문을 작품 속에 활용한, 포의 대가다운 솜씨가 돋보인다. 작품 속 화자는 "그 사건들"이 벌어지고 난 뒤 "많은 시간"이 흘렀지만 정확히 얼마만큼 시간이 지나갔는지 모른다. 또한 "라인에서 가까운 어떤 크고 쇠락한 도시"에서 "그들"을 만났지만 그곳이 어딘지는 기억하지 못한다. 믿을 수 없게도 이 익명의 화자는 자신의 첫 번째 부인의 성이 무엇인지 처음부터 알지 못했다고 고백한다. 작가는 꿈틀거리며 살아 움직이는 커튼이 달린 방들과 아라베스크 풍의 양탄자, 그리고 이집트 석관들과 기이한 목각 공예품들과 같은 배경들을 주마등이 스쳐지나가듯 처리하고, 희미한(아마도 환청이었을지도 모를) 소음과 죽어가는 여인의 뺨에 어리는 색채를 통한 암시에 대해 강박에 가까울 정도로 세밀하게 묘사하고 있다.

다시 한 번 자신의 두 가지 대표적인 주제(삶과 죽음의 경계 상태와 유동적인 신분)를 다룬 「리지아」에서 포는, 당시 이상하리만큼 빠르게 사람들의 관심에서 멀어지고 있던 고딕문학 풍의 설정을 작품 전반에 길쳐 매우 훌륭하게 활용했다. 하지만 이런 장치들이 「리지아」를 포의 대표작 중 하나로 만든 특징의 전부는 아니다. 사실 포가 이런 문학적 장치들을 본격적으로 다룬 것은 두 달 뒤 그가 쓴 「블랙우드

식 기사 작성법 How to Write a Blackwood's Article」에서였다. 「리지아」는 화자의 목소리와 문학적 장치에 대한 믿음을 절대적으로 유지한 최초의 작품이었다. 포는 결코 등장인물에 개입하지 않았다. 학자연하듯 과시하는 농담을 슬쩍 집어넣지도 않고, 독자들의 옆구리를 쿡 찌르지도 않았다. 단순히 묘사를 위한 묘사를 위해 괴기스러운 장면을 사용하지도 않았다. 여기에 내재된 절제의 미학은 포가 만든 작품의 품질을 보증하는 수표이자 오늘날 우리가 즐겨 읽는 그의 작품들을 정의하는 특성이 되었다.

하지만 그해 가을에 포가 쓴 모든 작품들이 그의 명성에 보탬이 된 것은 아니었다. 특히 『패류학자의 첫 번째 책 The Concho-logist's First Book』은 포가 고생을 하며 쓰긴 했지만, 지금껏 가장 덜 알려지고, 그나마 몇 안 되는 독자들에게도 혼란스러움만을 안겨주는 작품으로 남아 있다.

「리지아」의 획기적인 성과에도 불구하고, 포는 지속적으로 책을 쓰지 못했다. 『아서 고든 핌의 이야기』로 번 돈도 바닥이 난 지 오래였다. 마침 포의 친구인 토마스 와이어트가 자신이 쓴 학생용 『패류학 교본』에 명의를 빌려줄 작가를 찾고 있었다. 그는 하퍼 앤 브라더스 출판사로부터 좀 더 값이 나가는 개정판을 만들라는 압력을 받고 있던 참이었다. 결국 와이어트는 50달러에 포의 이름을 사서 자신의 교본을 "새 책"으로 만들고 하퍼 앤 브라더스 출판사의 압박에서 벗어날 수 있었다. 사실 돈이 절실히 필요한 포의 상황을 십분 고려하더라도 이 결정은 현명하다고 볼 수 없었다. 특히 하퍼 앤 브라더스가 포의 책을 내는 출판사이기도 했다는 점을 생각하면 더욱 그러했다. 이제 포가 그들과 작업을 같이하기는 사실상 어렵게 되었다.

하지만 당장 포에게는 와이어트의 의뢰가 뜻밖의 행운이 아닐 수 없었다. 1839년, 포를 저자로 소개한 새로운 『패류학 교본』이 발간된 지 수주 뒤에 그에게 배달된 한 통의 편지 역시 마찬가지였다. 희극배우이자 문학가 지망생이었던 윌리엄 버튼이 보낸 편지였다. 최근 신생 잡지사인 〈젠틀맨스 매거진Gentleman's Magazine〉을 인수해 〈버튼즈 젠틀맨스 매거진Burton's Gentleman's Magazine〉으로 사명을 바꾼 버튼은 편집(포가 그동안 백방으로 알아보던 일자리)을 맡을 새로운 사람을 찾고 있었다.

"올해 남은 기간 동안 주급 10달러로 하면 어떻겠습니까?" 버튼이 제안했다. "때때로 예외는 있겠지만 하루에 두 시간 정도면 필요한 일을 다 할 수 있다고 믿습니다. 물론 선생님이 개인적인 글을 쓰는 데 걸리는 시간은 제외하고요."

이 희극배우는 아마도 월간 잡지의 편집이 하루 두 시간씩이면 충분하다고 믿었던 것 같다. 포는 신출내기가 아니었기 때문에 현실이 그렇게 녹록치 않다는 것을 잘 알고 있었다. 하지만 그는 버튼의 제안을 수락했다. 물론 돈이 필요했기 때문이다. 하지만 다른 이점도 있었다. 이제 매월 〈버튼즈 젠틀맨스 매거진〉의 표지에 인쇄되어 나오는 "편집인 윌리엄 버튼과 에드거 앨런 포**EDITED BY WILLIAM E. BURTON AND EDGAR A. POE**"라는 굵은 활자들을 통해, 포는 마침내 자신이 오랫동안 간절히 원했던 명성과 신망을 손에 움켜쥘 수 있게 되었다. 그뿐만 아니라 〈버튼즈 젠틀맨스 매거진〉과의 계약은 포가 자신의 작품들을 발표할 수 있는 안정적인 공간도 제공해주었다.(이것 때문에 포가 너무 개인 창작에 몰두한다고 생각했는지 버튼은 곧 포에게 교정부터 기사 쓰기, 그리고 서평에 이르기까지 온갖 일을 맡겼다.) 이제 〈버튼즈 젠틀맨스 매거진〉에서 음울함과 알 수 없는 공포가 흐르는 포의 걸작 「어셔 가의 몰락 *The Fall of the House of Usher*」이라든지, 포가 "숙련된 전문가"라는 가명으로 쓴 「야외 운동과 남자의 소일거리 *Field Sports and Manly Pastimes*」라는 기사가 함께 실린 '1839년 가을호' 같은 편집은 일상적인 것이 되었다.

포가 으스대며 사는 게 더 이상 상상에서만 가능한 일은 아니었다. 포는 사람들에게 근처에 있는 버렛 체육관에 다닌다는 사실을 암시하곤 했는데, 그가 젊었을 때 달리기와 수영을 잘했다는 점을 생각하면 사실일 가능성이 높다. 체육관의 주인인 샘 버렛은 배우들과 친분이 두터운 권투 선수였다. 포가 배우들이 즐겨 가는 필라델피아의 술집에서 많은 시간을 보냈고, 또 그의 고용주가 저명한 배우라는 점을 생각하면, 포가 일과 후 버렛 체육관에서 배우들과 함께 샌드백을 치며 어울리는 게 하등 이상할 까닭은 없었다.

비록 포는 교양 없고 무례한 버튼을 경멸했지만(포는 버튼의 잡지에 대해 물어보는 친구에게 "구독할 생각은 꿈도 꾸지 마!"라고 톡 쏘듯이 말하기도 했다.), 그가 생각하는 것 이상으로 그들의 결합은 포에게 큰 힘이 되었다. 「어셔 가의 몰락」이 발표된 같은 달, 그의 걸작 우화인 「윌리엄 윌슨 *William Wilson*」이 현지 출판사들이 발행하는 선물용 연감(간략히 '선물'이라 제목이 붙여진 연감)에 실리게 되었다. 버튼은 이 책의 발행을 위해 가장 많은 기부를 한 사람이었다. 삽화가 많이 들어간 비싼 연감은 감상적인 출판사들이 매출을 위한 지렛대로 삼을 겸해서 발행하고 있었는데, 이는 포가 경멸해 마지않는 관행이었다. 하지만 빅토리아시대의 사람들에게 인기가 높았던 연감에 자신의 글이 실리게 되면서, 이제 포는 지금까지 경험해보지 못한 많은 수의 독자들에게 자신을 알릴 기회를 잡을 수 있었다. 특히 자신의 필력이 정점에 달한 때에 이렇게 많은 독자와 만날 수 있었던 것은 포의 행운이었다.

「어셔 가의 몰락」은 여러 가지 면에서 「리지아」와 매우 흡사하다. 작품 속의 날짜들은 분명하지 않고, 배경도 고딕문학 풍이다. 거칠고 지나치게 예민한 성격의 로더릭 어셔. 삶과 죽음 사이의 놀랄만한 혼란. 다름 아닌 바로 벽돌이 살아 있는 생명체일지도 모른다는 불안한 믿음. 「어셔 가의 몰락」에는 이후 『모비딕*Moby-Dick*』에서부터 『위대한 개츠비*The Great Gatsby*』, 그리고 『길 위에서*On the Road*』미국 작가 잭 케루악의 장편소설로 1957년 뉴욕에서 초판됨에 이르는 미국 문학사에서 하나의 전통으로 자리잡은 존재가 등장한다. 바로 극단의 광기를 목격하게 되는 평범하며 동정심 많은 화자이다.

하지만 그것은 그가 최근에 쓴 『패류학자의 첫 번째 책』과 유사한 윤리적 문세를 안고 있다. 포는 위험할 정도로 다른 작가의 글을 차용하길 좋아했다. 일례로 어셔가 자기 방 밖에서 나는 무서운 소리와 섬뜩할 정도로 묘한 조화를 이루고 있는, 상상에서나 있을 법한 오래된 책을 낭송하고 있는 클라이맥스 부분을 보라. 눈치채긴 쉽지 않지만 이 장면은 포가 1828년 〈블랙우드 에든버러 매거진〉에 실린 「강도의 탑 *The Robber's Tower*」에서 따온 것이다. 아이러니한 점은, 아마도 포는 몰랐겠지만, 불법 복제의 시대에 걸맞게 『패류학 교본 *The Manual of Conchology*』과 「강도의 탑」 역시 어떤 인용도 없이 다른 작품을 표절했다는 것이다.

　「어셔 가의 몰락」과 「윌리엄 윌슨」(너새니얼 호손에 비견할 만한 가치가 있는 도플갱어독일어로 '이중으로 돌아다니는 자'라는 뜻으로 자신과 꼭 닮은 사람을 지칭 소설로, 방탕한 주인공이 번번이 자기를 따라다니며 괴롭히는 동명의 남자를 죽이는 순간, 사실은 그 사람이 양심에 따라 행동하는 또 다른 자기였다는 사실을 알게 된다.)의 출간과 함께, 포는 다시 한 번 자신의 선집을 내겠다는 야심을 품게 된다. 포가 이런 결심을 하게 된 데는 소설가 워싱턴 어빙이 포에게 보낸 한 통의 편지가 큰 역할을 했다. 그가 편지에서 "나는 「어셔 가의 몰락」을 읽고 크게 기뻤습니다. 다른 수작들과 함께 선집을 만들어도 독자들의 환영을 받을 것이라고 생각합니다"라고 말했던 것이다. 하지만 포가 필라델피아의 리 앤 블랜차드Lea & Blanchard 출판사를 접촉했을 때, 그들이 보인 반응은 이전의 다른 출판사와 마찬가지였다. 단편소설 선집은 돈벌이가 되지 않는다는 것이었다. 우여곡절 끝에 결국 리 앤 블랜차드 출판사는 포의 단편집을 1,750부만—이것마저 곧 750부로 줄어든다— 발간하기로 결정한다. 이때 포가 원고료로 받은 것은 저자용 책 20부가 전부였다.

줄어든 부수에도 불구하고 리 앤 블랜차드가 포의 첫 번째 단편집인 『그로테스크하고 아라베스크한 이야기Tales of the Grotesque and Arabesque』를 시중에 풀기까지는 그로부터 3년이라는 시간이 더 필요했다.

시에 대해서는 매우 엄격하고 완벽을 추구했지만 소설에 대한 생각은 훨씬 더 유연했던 포는 『그로테스크하고 아라베스크한 이야기』의 서문에서 제목에 나오는 두 개념의 의미에 대해 조금의 암시도 남겨놓지 않았다. 하지만 틀릴 것을 각오하고 추측해보자면, 그 개념들이 각각 부조리에 대한 강한 풍자와 심리적인 공포에 대한 섬세하고도 정밀한 묘사를 의미하는 것이 아닐까 하는 조심스러운 짐작은 가능할 것 같다. 사실 포가 그의 서문에서 밝힌 가장 뚜렷한 입장은 민족주의에 대한 경멸이었다. 포는 자신의 고딕소설에 대해 당시 유행하던 "게르마니즘"독일풍의 일환으로 바라보던 독자들의 해석을 일축하면서 다음과 같은 유명한 말을 남겼다.

"공포는 독일만의 문제가 아니라 인간 영혼의 보편적인 문제이다."

단편집의 발간은 포의 살림살이에 조금도 보탬이 되지 않았다. 더 정확히 말하자면 그가 원고료 대신 받은 저자용 책을 친구들한테 우편으로 부쳤기 때문에 돈은 한 푼도 들어오지 않고 나가기만 했다. 포는 『그로테스크하고 아라베스크한 이야기』가 서점에 깔린 뒤인 1839년 말에도 세상에서 가장 덜 그로테스크하고 가장 아라베스크하지 않게 보이는 곳(세계에서 가장 크고 저렴한 가족용 신문인 〈알렉산더스 위클리 메신저Alexander's Weekly Messenger〉)에다가 익명으로 잡문들을 써서 생계를 해결했다. 포는 〈알렉산더스 위클리 메신저〉에다 자신이 집에서 키우던 고양이(포가 세상에서 가장 멋진 검은 고양이 중 한 마리라고 부르던)의 이야기를 소개함으로써 독자들을 기쁘게 했다. 검은 고양이들은 예로부터 마녀들의 분신으로 여겨져 왔는데, 포의 집에 사는 이 마녀는 주로 포의 부엌문이 열릴 때 모습을 드러내곤 했다.

포는 또한 〈알렉산더스 위클리 메신저〉의 독자들에게 좀 독특한 종류의 공포도 선사했다. 바로 구린 농담이 그것이다.

꽉 끼는 코르셋을 입은 여인에게는

왜 편안함이 필요 없을까요?

그건 그녀가 끈으로 칭칭 매어져(so laced)

이미 위안 받고 있기(solaced) 때문이죠.

하지만 이것들보다 더 포의 입맛에 맞았던 것은 수수께끼와 암호문이었다. 포는 〈알렉산더스 위클리 메신저〉의 독자들과 대체 암호 게임(원문을 대신하는 문자나 숫자, 또는 상징들로 암호문을 해독하는 게임)을 즐겨했다. 포는 독자들로 하여금 대체 암호문을 보내서 자신을 쩔쩔매게 만들어보라고 부추겼다.

"당신이 암호문에다 아무리 평소에 보기 어렵고 제멋대로 쓰인 글자를 적어 보낸다고 하더라도 보는 즉시 그것을 해독할 것을 약속합니다."

포는 자랑스럽게 선언했고, 그의 모험은 폭발적인 반응을 불러일으켰다. 6개월 동안 거의 100여 개에 이르는 암호문을 해독한 포는 "인간의 지혜로는 결코 인간의 지혜로 풀 수 없는 암호를 만들 수 없다"라고 선언함으로써 독자들의 신경을 긁어놓았다.

첫 번째 독자가 보내온 대체 암호문은 전형적인 것이었다.(포는 "그것은 식은 죽 먹기였다"며 비웃었다.) 익명의 장막 뒤에서 즐기는 지적 유희의 매력에 빠진 포는 그 자체가 또 하나의 수수께끼이자 비밀스러운 메시지인 정답을 재빠르게 내놓았다.

850;?9

O 9? 9 2ad; as 385 n8338d‒ ?┼ sod‒3 ‒86as: ‒8x8537 95: 37od: 0‒h‒8shn 3a sqd?8d‒ ?┼ ‒og37 ‒8x8539 95: sod‒3 o‒ 9 ?o‒1708xah‒ 950?9n ?┼ 50537 ‒8x8539 95:sod‒3 0‒ 378 n9338d‒858?┼?┼ 38537 ‒8x8537 95:sod‒3‒h!!ads‒nos8 ?┼ sahd37 sos37 ‒8x8537 95: ‒og37 0‒9 sdho3 ?┼ sahd37 sos37 95: 80;737 0‒9 !as8dshn 0?!n8?853 ?┼ 27an8 05:otg38‒9 2038 ?95

포가 해독한 암호문의 내용은 다음과 같다.

수수께끼

나는 열 글자로 된 단어이다. 나의 첫 번째, 두 번째, 일곱 번째, 그리고 세 번째 글자로 이루어진 단어는 농부에게 유용하다. 나의 여섯 번째, 일곱 번째, 그리고 첫 번째 글자로 만든 단어는 남에게 해를 끼치는 어떤 동물이다. 나의 아홉 번째, 일곱 번째, 그리고 첫 번째 글자로 이루어진 단어는 후자의 천적인 동물을 가리킨다. 또한 나의 열 번째, 일곱 번째, 첫 번째 글자로 만든 단어는 어떤 과일이며, 나의 네 번째, 다섯 번째, 그리고 여덟 번째 글자로 이루어진 단어에는 강력한 실행력이 있다. 마지막으로 나는 현명한 사람이 하는 행위를 가리키는 단어이다. 정답은 절제(Temperance)이다.

일찍이 〈서던 리터러리 메신저〉에 쓴 자신의 에세이 「매젤의 체스 플레이어 _Maezel's Chess Player_」를 통해 당시 많은 사람들에게 놀라움을 안겨주었던, 자동으로 체스를 두는 기계가 방법론적으로 사기임을 폭로했던 것처럼, 포는 오래전부터 논리 게임에 소질을 보여 왔다. 하지만 이제 독자들이 내는 퀴즈는 포조차도 감당하기 어려울 정도로 물밀 듯이 몰려들었다. 그는 한 칼럼에서 자조하듯 이렇게 썼다.

"독자들은 마치 우리가 하루 종일 암호문을 읽는 것 외에는 할 일이 없다고 생각하는 듯하다."

실제로 포는 비문만 붙잡고 있기에는 너무 바빴다. 그는 1840년 봄부터 〈버튼즈 젠틀맨스 매거진〉에 자신의 새로운 소설인 「줄리어스 로드만의 저널*The Journal of Julius Rodman*」을 연재하기 시작했다. 「서부로 간 핌*Pym Goes West*」의 모방작처럼 보이는 「줄리어스 로드만의 저널」은 사실은 「폴리치아노」와 더불어 세상에 알려지지 않은 포의 걸작으로 평가받을 만한 작품이다. 포는 한 번도 공개적으로 「줄리어스 로드만의 저널」을 높이 평가한 적이 없지만, 〈더 니커버커*The Knickerbocker*〉는 보는 즉시 작품의 가치를 간파하고 이렇게 선언했다.

"우리는 지역 주민이자 〈버튼즈 젠틀맨스 매거진〉의 편집인인 E. A. 포 선생이 쓴 또 하나의 탁월한 작품을 만났다."

하지만 그들은 포의 작품을 오랫동안 감상하지는 못했다. 작품 연재를 시작하고 얼마 지나지 않아서 버튼이 〈버튼즈 젠틀맨스 매거진〉을 팔려고 한다는 소문을 접하게 된 포는 자신의 출판사를 설립하기 위해 사업설명서를 배포하기 시작했다. 그는 자신의 〈펜 매거진*Penn Magazine*〉이 유럽계 이민자들의 잡지에서 흔히 접할 수 있는 "싸구려 익살과 상스러운 욕설, 그리고 비속어들"이 일절 없는 월간지가 될 것이라고 약속했다. 그리고 자신이 과거에 비평가로서 지나치게 행동했던 점에 대해서 사과를 한 포는 〈펜 매거진〉이 "〈더 니커버커〉와 거의 유사한 형식을 취할 것이며, 〈노스 아메리칸*North American*〉에 필적하는 잡지가 될 것"이라고 덧붙였다. 각각 뉴욕과 보스턴을 대표하는 이 두 잡지들과 대등한 수준의 잡지가 필라델피아에 출판된다는 것은 〈버튼즈 젠틀맨스 매거진〉에게는 직접적인 위협이 아닐 수 없었다. 버튼은 즉각 포를 해고했다.

일 년이 넘도록 같은 사무실에서 일했지만 두 사람은 서로에게 화를 참는 법이 거의 없었다. 버튼은 포를 주정뱅이라고 불렀고, 포는 버튼을 사기꾼이라 욕했다. 언쟁 끝에 피를 보는 싸움이 일어나기도 했다.

포는 "나를 괴롭히려는 당신의 시도는 그저 웃음 외에는 어떤 감정도 생기지 않습니다 … "라고 버튼을 조롱했다. "만약 당신이 나를 모욕해도 어떤 처벌도 받지 않을 것이라고 생각한다면 그저 어리석다는 말밖에는 할 게 없습니다."

하지만 포가 조급하게 〈펜 매거진〉의 설립 계획을 세상에 드러낸 대가는 예상보다 훨씬 컸다. 버튼이 그해 10월까지 인수자를 찾지 못했기 때문에 포는 자신에게 절실히 필요했던 편집 일을 적어도 여섯 달은 더 할 기회가 있었다. 대신에 포는 1840년의 대부분을 〈펜 매거진〉에 매달렸다. 하지만 잡지의 출범은, 처음에는 부족한 자금 때문에, 그리고 나중에는 포의 병으로 인해 한없이 늘어졌다. 포의 실직과 함께 연재가 중단된 「줄리어스 로드만의 저널」은 결국 영원히 미완의 작품으로 남게 되었고, 포는 그해 내내 제대로 된 작품을 내지 못했다. 그나마 한 관음증 환자의 얘기를 통해 고독한 도시 생활과 익명성에 갇힌 현대사회의 문제를 우화적으로 써내려간 「군중 속의 남자 *The Man of the Crowd*」 정도가 주목할 만한 작품이었다. 하지만 1841년에 접어들면서 포의 운은 새로운 국면을 맞는 것처럼 보였다. 포가 이제 일주일만 있으면 자신의 잡지 창간호를 인쇄업자에게 넘길 수 있다고 주장했기 때문이다.

"당신이 궁금해하던 〈펜 매거진〉의 전망에 대해 알려드리겠습니다." 포가 한 기고자에게 쓴 편지에서 말했다. "잡지의 앞날은 매우 밝습니다."

하지만 장밋빛 전망은 오래가지 못했다. 그해 2월 4일 발생한 뱅크런고객들이 은행에 맡긴 예금을 일시에 찾아가는 현상이 불러온 신용 경색 사태로 인해, 곧 〈펜 매거진〉을 발간할 수 있다는 포의 부푼 꿈은 산산조각 나고 말았다. 약 2주 후 독자들은 〈버튼즈 젠틀맨스 매거진〉의 인수자인 조지 그레이엄으로부터 씁쓸한 뉴스를 접하게 된다. 포가 자신의 잡지 발간 계획을 완전히 접었으며, 조지 그레이엄이 〈버튼즈 젠틀맨스 매거진〉을 인수하여 이름을 바꾼 〈그레이엄스 매거진 Graham's Magazine〉의 편집자로 가기로 했다는 뉴스였다. 하지만 독자들은 포가 비장의 무기를 들고 그레이엄의 잡지사로 들어갔다는 사실까지는 알지 못했다. 그것은 포가 〈펜 매거진〉의 출범 뒤에 쓰려고 준비해놓은 소설들로, 스스로 "새로운 열쇠가 될 작품들"이라고 부르던 것이었다. 바야흐로 독자들의 눈앞에 새로운 문학사의 전기가 태동하고 있었다.

"골상학이 조금만 더 발전한다면, 우리 눈으로 그 위치나 생김새를 보지 못하더라도, 실제 우리 몸속에 분석 기관이 존재하고 있다는 믿음을 이끌어낼 수 있을 것이다." 1848년 〈그레이엄스 매거진〉에 실린 포의 글은 이렇게 시작되고 있다. 같은 글에서 포는 뛰어난 분석 기관을 지니고 태어난 사람들은 "수수께끼나 불가사의한 일, 암호문 같은 것들을 좋아하며, 이런 문제를 해결하는 과정에서 그들이 보여주는 놀라울 정도의 이해력과 통찰력은 그들에게는 평범하고 일상적인 일"이라고 말하기도 했다.

〈그레이엄스 매거진〉의 독자들은 아마도 포의 글이 자신에 관해 쓴 것이라고 생각했을지도 모른다. 포가 그들에게 다시 암호문 풀기 게임을 제안했을 뿐만 아니라, 한 편지에서 "나는 약간의 시간만 주어진다면 이 세상에 존재하는 어떠한 종류의 지적인 문제도 다 풀 수 있다"라고 자랑스럽게 말했기 때문이다. 하지만 포가 「모르그 가의 살인 사건 *The Murders in the Rue Morgue*」의 도입부에 쓴 대사들은, 포 자신이 아니라 그의 가장 위대한 문학적 피조물인 아마추어 탐정, 오귀스트 뒤팽을 묘사한 것이었다.

종종 어떤 문학적 장르가 한 작가에 의해 개척되었다고 얘기들 하는데, 바로 에드거 앨런 포가 그런 작가였다. 포는 추리소설을 개척한 작가였다. 사실 볼테르부터 13세기 중국 문학에 이르기까지 모든 것들이 앞선 세대의 영향을 받기 마련이지만, 파리에 사는 두 모녀의 불가사의하고 끔찍한 피살 사건을 다룬 「모르그 가의 살인 사건」은 믿기 어려울 정도로 현대 추리소설의 특징을 거의 완벽하게 구현하고 있다. 약간 오만하고 괴짜이지만 뛰어난 재능을 가진 주인공, 그의 분석 능력을 소개하는 짧은 글로 시작되는 소설 구조, 매우 성실하고 쉽게 감명을 받는 조수, 서로 모순되어 보이는 단서들 때문에 어쩔 줄 몰라 하고, 부지런하지만 상상력이 빈곤한 형사, 범죄가 불가능해 보이는 "밀실"이라는 사건 현장, 그리고 응접실에서 이루어지는 극적인 범인과의 조우에 이르기까지, 포의 이 소설에는 마치 제우스의 우리를 박차고 뛰어나온 다 자란 아테네 여신처럼 현대 추리소설의 모든 것이 갖추어져 있다.

물론 이 소설한테는 자신을 키워준 부모와 같은 존재들이 있었다. 포가 사랑하던 퀴즈 풀기와 더불어 이전 10년 동안 유행했던 실제 범죄 사건에 관한 기록물들이 바로 그런 존재들이었다. 특히 이 분야에서 신기원을 이룬 제임스 커티스의 「마리아 마튼 살인 사건The Murder of Maria Marten」(1827)과 제임스 고든 베넷이 1836년 〈뉴욕 헤럴드New York Herald〉에 쓴 "헬렌 주잇 살인 사건" 기사는 포의 소설에 많은 영감을 주었다. 하지만 포의 소설에 가장 직접적인 영향을 미친 것은 세계 최초의 사립 탐정인 외젠 프랑수아 비도크였다. 프랑스의 천재적인 도둑으로 자신의 범죄 경력을 활용하여 경찰이 되었지만 끝까지 도둑질을 버리지 못했던 비도크는, 자신이 저지른 기발한 범죄 내용을 담은 『회고록Memoirs』(1828)을 남겼다. 포는 이 책에서 영감을 받아 뒤팽이라는 자신의 주인공을 창조해냈고, 이 익살스러운 프랑스인 사립 탐정의 입을 통해 비도크를 "훌륭한 추리가"로 칭찬했다.

세계에서 가장 인기 있는 문학 장르의 효시가 되는 작품인 「모르그 가의 살인 사건」은 말 그대로 19세기 단편소설의 최고봉이다. 포는 자신이 뭔가 특별한 것을 썼다는 사실은 알았지만, 그것이 어느 정도로 특별한지에 대해서는 미처 알지 못했다. 그저 느긋하게 앞으로 자신이 낼 『환상소설집Phantasy-Pieces』을 구상하면서 거기에

「모르그 가의 살인 사건」을 대표작으로 실을 생각을 하고 있었다. 하지만 소설집 발간 계획은 포의 책상에서 벗어나지 못했다. 「모르그 가의 살인 사건」은 당대에도 상당한 호평을 받은 작품이지만, 그것이 지니는 진정한 중요성이 세상에 명백하게 드러난 것은 그로부터 수십 년의 시간이 흐른 뒤였다.

포는 새로운 편집 일로 바쁜 나날을 보냈다. 그레이엄 밑에서 일하는 것이 〈버튼즈 젠틀맨스 매거진〉에서 일할 때보다는 나았지만 그는 여전히 서평을 쓰고, 독자들이 보내온 암호문을 풀고, 잡지에 기고할 저자들을 광범위하게 접촉하며 일에 파묻혀 살았다. 〈그레이엄스 매거진〉에서 일을 시작한 지 얼마 지나지 않아 포는 한 유명 작가와 개인적으로 만날 기회를 잡게 되었다. 1842년 찰스 디킨스가 필라델피아를 방문했던 것이다. 포는 절호의 기회를 놓치지 않기 위해 사무실에서 두 블록 떨어진 유나이티드 스테이츠 호텔에 묵고 있었던 찰스 디킨스에게 자신이 쓴 책들을 명함 삼아 보내 방문 의사를 밝혔다.

두 사람은 두 번에 걸쳐 만났다. 디킨스는 마음씨 좋게도 포에게 영국인 출판업자를 소개해주겠다고 약속했다. 그뿐만 아니라 이야기의 화제가 1794년에 나온 윌리엄 고드윈의 소설 「칼렙 윌리엄스의 모험 *The Adventures of Caleb Williams*」에 이르렀을 때 포에게 재미있는 일화를 들려주었다.

"자네는 고드윈이 그 작품을 거꾸로 썼다는 사실을 알고 있나? 제일 마지막 3권을 맨 먼저 썼다는 사실 말일세." 디킨스는 포에게 잠시 생각할 시간을 준 다음 다시 고드윈에 대해 언급했다. "그리고 그는 자신이 한 일을 설명할 수 있는 방법을 찾느라 몇 달을 기다렸다네."

이렇게 시간의 역순으로 소설을 쓰는 것은 포도 잘 알고 있는 교묘한 창작 기법 중 하나였다. 포 또한 뒤에 추리소설(포 자신은 "추론소설"이라고 즐겨 불렀다.)과 관련해서 작가의 이런 기교에 대해 언급한 바 있다.

"사람들은 추리소설들에 사용되는 방법론과 그것이 활용되는 분위기로 인해서 그 상황들이 실제보다 더 기발하다고 여기곤 한다. 예를 들어 「모르그 가의 살인 사건」에서 작가가 이리저리 얽어놓은 복잡한 그물망을 하나씩 풀어나가는 천재적인 인물은 누구인가? 작가의 교묘한 솜씨 덕분에 독자들은 가공 인물인 뒤팽의 천재성과 작가의 천재성을 혼동하게 되고, 마치 실제 인물인양 뒤팽의 활약에 열광한다."

하지만 포 역시 자신이 새롭게 만들어낸 장르를 쓰면서 예상치 못한 어려움에 봉착했다. 1842년 봄, 포는 「모르그 가의 살인 사건」의 속편(포가 쓴 최초의 속편이자 전작과 같은 등장인물이 나오는 최초의 소설)을 집필하기 시작했다. 「폴리치아노」와 마찬가지로 작품의 소재는 실제로 일어났던 범죄(일 년 전에 발생한 메리 로저스의 의문투성이 죽음)였다. "아름다운 담배 가게 아가씨"로 불리던 메리 로저스는 포를 비롯한 많은 작가들이 즐겨 찾던 맨해튼의 한 담배 가게에서 일하던 직원이었다. 그녀가 실종된 지 3일 만에 허드슨강 위에 변사체로 떠오른 그 사건은 당시 언론의 큰 관심을 끌었다. 신문들은 범죄 조직에 의한 범행의 가능성부터 경찰의 무능을 비판하는 내용에 이르기까지 엄청난 양의 기사를 발작이라도 하듯 연신 토해냈다. 「마리 로제의 수수께끼 *The Mystery of Marie Roget*」는 바로 이 메리 로저스 사건을 파리라는 무대로 재현한 작품이다. 하지만 포는 작품 속의 살인 사건을 "최근 독자들이 잘 알고 있는 뉴욕의 메리 시실리아 로저스 살인 사건과 … 믿기 어려울 정도로 똑같긴 하지만"이라며 별개인 사건으로 설명하고 있다.

포는 그의 초기 작품들에서처럼 여기서도 자신의 소설적 기교들에 대한 믿음이 부족한 모습을 보여준다. 그 결과 포는 어지러운 말장난, 즉 독자들이 보내는 족족 자신이 풀곤 했던 대체 암호 게임에 의존했다. 그뿐만 아니었다. 이 소설에는 다른 문제점들도 많았다. 일례로, 거기에는 어떤 이야기 구조도 존재하지 않았다. 단지 사건을 취재한 신문들의 문제점을 하나하나 지적하는 뒤팽의 한바탕 강의(서평가로서 포가 했던 신랄한 평가와 당혹스러울 정도로 어조가 닮은 박식하고 통렬한 비판)만이 존재할 뿐이었다.

「모르그 가의 살인 사건」의 성공이 그러했던 것처럼 「마리 로제의 수수께끼」의 실패 또한 추리소설에 대해서 많은 것을 알려준다. 모녀 동시 살인이라는 끔찍한 소재에도 불구하고 「모르그 가의 살인 사건」에는 뜻밖의 재치와 따뜻함이 존재한다. 작품 속 등장인물들은 서로 유기적인 관계를 맺으며 범죄 현장을 조사하고, 범인과의 짜릿한 대치 장면을 이끌어내고 있다. 하지만 「마리 로제의 수수께끼」에는 이런 것들이 존재하지 않는다. 심지어 이름 없이 나오는 뒤팽의 조수조차도 맡은 역할이 없었다. 그가 한 일이라고는 책의 중간 부분쯤에서 "〈르 코메르시엘Le Commerciel〉의 의견에 대해 어떻게 생각하세요?", "〈르 쏠레이유 Le Soleil〉의 기사를 어떻게 봐야만 하죠?" 하고 두 마디 질문을 날린 것 외에는 아무것도 없다. 조수는 독자들의 대리인이다. 독자들은 그를 통해 자신이 궁금해하는 질문을 던지고 또 수수께끼를 풀어나간다. 이런 조수 없이 독자들을 소설에 몰입시킬 수는 없다.

그럼에도 불구하고 「마리 로제의 수수께끼」는 문학사에서 특별한 위치를 차지하고 있다. 「모르그 가의 살인 사건」이 최초의 현대 추리소설인 것처럼 「마리 로제의 수수께끼」는 시리즈물 추리소설의 효시가 되는 작품이기 때문이다. 어쨌든 이제 에드거 앨런 포조차도 유능한 조수 없이 탐정만으로는 추리소설이 존재할 수 없다는 사실을 알게 되었다는 점에서, 이 세계에 있는 왓슨 박사코난 도일의 추리소설 〈셜록 홈즈 시리즈〉에서 탐정 셜록 홈즈의 친구이자 조수로 나오는 의사들이 크게 위안을 받을지도 모른다.

굴곡과 변화가 심했던 포의 인생이었지만, 그에게는 언제나 마음의 안식처인 가정이 있었다. 포는 아내 버지니아와 숙모 마리아에게 깊이 의지했다. 하지만 1842년 초, 거실 피아노에 앉아 노래를 부르던 버지니아가 갑자기 입에서 선홍빛 피를 토해냈다. 버지니아의 폐에서 나온, 이 산소를 가득 머금은 피는 의심할 여지없이 비극적이고도 두려운 폐결핵의 서막을 알리는 끔찍한 신호였다.

"나의 사랑하는 아내가 위험스러운 병을 앓고 있네." 포는 친구에게 쓴 편지에서 버지니아의 병세에 대해 하소연했다. "그녀는 약 2주 전에 노래를 부르다가 혈관 파열로 피를 토했고, 어제서야 간신히 의사 선생님으로부터 한고비를 넘겼다는 얘기를 들을 수 있었다네. 자네는 내가 얼마나 그녀를 헌신적으로 사랑하는지 잘 아니까 그동안 내가 겪은 고통을 능히 짐작할 수 있을 걸세."

1842년 4월, 포는 읽는 이의 마음을 불편하게 만드는 한 편의 우화적인 소설을 발표했다. 바로 치명적인 전염병으로 몰락한 어느 성城에서 벌어지는 이야기를 다룬 「붉은 죽음의 가면The Masque of the Red Death」이었다. 소설이 발표된 직후 그는 〈그레이엄스 매거진〉을 그만두었다.

"내가 사표를 낸 것은 쓸데없는 겉멋과 감상으로 가득한 잡지 … 그 경멸을 금할 수 없는 사진들과 최신 유행 소개들, 그리고 음악과 연애 기사들 때문이었다."

포는 한껏 〈그레이엄스 매거진〉을 비웃어준 뒤, 다시 한 번 〈펜 매거진〉 발간이라는 희미한 신기루를 쫓았다. 그는 실직의 고통과는 무관한 사람처럼 보였다. 하지만 포가 그의 오래된 친구들에게 조용히 들려준 얘기는 달랐다. 포는 "재발한 아내의 병과 그 비관적 전망" 때문에 도무지 일에 집중할 수 없었다고 친구들에게 설명했다.

〈그레이엄스 매거진〉을 그만둔 지 두 달 반 정도 지난 1842년 여름, 포는 파산 신청을 심각하게 고민하기 시작했다. 몇 개월 전 미국 최초의 현대적 파산법이 채권자들의 필사적인 로비에도 불구하고 의회를 통과해서 시행되었기 때문이다. 하지만 부채를 면제받을 수 있는 가냘픈 기회를 움켜잡는 대신, 포는 다시 술을 마시기 시작했다. 일설에 따르면, 포가 갑자기 며칠 동안 사라졌다가 저지시티美國 뉴저지 주 북동부에 있는 항구도시로, 허드슨강을 사이에 두고 뉴욕과 마주보고 있음 인근의 들판에서 발견되기도 했다. 당시 그를 목격한 사람은 "포가 마치 정신 나간 사람처럼 들판을 헤매고 있었다"라고 말했다. 포의 음주벽이 새삼스러운 것은 아니었지만, 버지니아의 병 때문에 그는 점점 더 깊이 술에 빠져들었다.

"그녀의 병세는 돌이킬 수 없을 정도로 악화되었다." 포는 뒤에 당시의 상황을 이렇게 설명했다. "결국 나는 그녀에게 영원한 작별을 고했고, 그녀의 죽음이 안겨주는 온갖 고통을 겪었다 … 그녀가 잠시 회복되면 나는 다시 희망을 품었다. 그러고는 다시 … 다시 … 그리고 또다시. 이런 일시적인 회복과 희망의 순간들이 끝없이 반복되었다 … 나는 미칠 것만 같았다. 멀쩡한 정신으로 깨어 있는 순간들을 감당할 수 없었기에 술을 찾았다. 내가 그녀의 병 때문에 얼마나 자주, 그리고 얼마나 많이 술을 마셨는지는 오직 신만이 아실 것이다."

집에 돌아와 술에서 깨어나면 파산 직전의 비참한 현실이 포를 기다렸다. "나는 어느 때보다도 절실하게 돈이 필요합니다." 그는 한 출판사에 보낸 편지에서 이렇게 적었다.

바로 이런 절실함이 위대하면서도 돈이 되는 책을 낳았다. 포는 〈블랙우드 에든버러 매거진〉에 실린 어떤 소설보다도 뛰어난 '블랙우드' 스타일의 소설을 썼다. 그는 〈블랙우드 에든버러 매거진〉의 선정적인 '역경 이야기'들을 성공적으로 모방할 수 있었다.

"만약 당신이 물에 빠지거나 줄에 목이 졸려서 죽음 직전까지 갔던 경험이 있다면, 반드시 그때의 의식 상태를 기록해놓아라. 그것들이 당신에게 한 장당 10기니영국의 옛 화폐 단위로, 1기니는 1실링의 21배씩 돈을 벌어다줄 것이다."

한때 자신이 썼던 것처럼 독자들이 그런 글들을 위해 기꺼이 돈을 지불할 것이라는 사실을 알고 있었던 포는, 자신의 단편소설인 「함정과 진자The Pit and the Pendulum」를 통해 한 편의 탁월한 역경 이야기를 발표한다. 「함정과 진자」는 스페인 종교재판소의 어두운 지하 감옥에서 예술적 경지에 이른 기교로 자행되고 있는 온갖 종류의 끔찍한 고문(기아와 갈증, 쥐와 불, 움직이는 벽과 사지 절단)들을 묘사하고 있다. 소설 속 화자는 자신에게 닥치는 위험을 생생하게 느끼고 있다. 쉭쉭거리며 그의 몸 위로 떨어지는 칼날 달린 진자의 불길한 소리, 얼굴로 다가오는 "날카로운 쇠의 냄새", 마실 물도 없이 나오는 향신료 강한 음식의 맛, 그리고 금속으로 된 감방 벽 뒤에서 누군가 불을 지폈을 때 손을 통해 느껴지는 뜨거운 열기.

그해 나온 포의 또 다른 위대한 작품, 「고자질하는 심장The Tell-Tale Heart」이 처한 저주스러운 현실을 생각하면, 이 소설의 성공은 참으로 다행스러운 일이었다. 「고자질하는 심장」은 포의 작품 중 가장 이상적인 형태의 것이다. 거기에는 시간도 장소도 나오지 않는다. 좀 더 정확히 말해서 살인 사건을 설명하는 데 필요한 최소한의 요소인 침대와 베개, 손전등과 마룻장, 그리고 희생자를 빼고는 어떤 것도 나오지 않는다. 희생자의 얘기라고는 고작 "거기 누구야?" 하는 두 마디밖에 등장하지 않는다. 하지만 그는 한마디 대사도 없는 경찰관에 비하면 그나마 나은 편이다. 대단히 이기적이며, 스스로는 정상이라고 주장하지만 죄책감에 괴로워하는 순간에도 절대 제정신으로 보이지 않는 화자가 압도적으로 던지는 일인칭 현재 시점의 이야기 구조 때문이다.

그것은 언제, 어디서나(적어도 1842년 당시의 보스턴을 제외한 지역에서는) 발생할 수 있는 인간의 광기에 대한 불편한 증언이었다. 포는 「고자질하는 심장」을 〈보스턴 미셀러니 Boston Miscellany〉에 가져갔지만 단칼에 거절당했다. 해당 잡지의 편집인은 "만약 포 씨가 공손하게 좀 더 점잖은 작품을 제공하겠다고 약속한다면" 작품을 살 수도 있다고 비웃기까지 했다. 포의 서평이 낳은 쓰디쓴 열매였다. 일 년 전 포는 같은 편집인이 발표한 글에 대해서 "견디기 어려울 정도로 지루하고 따분"하다고 공개적으로 망신을 주었던 것이다. 결국 포는 신생 잡지인 〈파이어니어 Pioneer〉에 작품을 팔았다. 「고자질하는 심장」은 〈파이어니어〉의 창간호에 실리는 영예를 누렸지만 원고료는 한 푼도 지불되지 않았다. 발행인 러셀 로웰이 병에 걸리는 바람에 잡지사가 금방 문을 닫았기 때문이다.

그답지 않게 포는 원고료를 고집하지 않았다.

"당신이 내게 빚진 돈에 관해서 말하자면 … 물론 나도 현재 좋은 상황은 아니지만, 당신에게 돈을 갚으라고 계속 요구하는 나 자신의 모습을 상상하면 훨씬 더 비참해집니다."

포는 로웰을 안심시켰다. 버지니아가 아픈 와중에서 〈펜 매거진〉을 다시 시작해보기 위해 고군분투하고 있던 포였기에 병상에 몸져 누운 로웰의 처지가 동병상련의 아픔으로 다가왔던 것이다. 포는 창간하려는 잡지의 이름을 〈더 스타일러스 The Stylus〉로 바꾸고 새로운 사업설명서를 작성했다. 하지만 포에게 당장 필요한 것은 또 다른 잡지가 아니라 글쓰기만으로는 달성하기 어려운 안정적인 삶이었다.

간단히 말해서 그에게는 사무직 일이 필요했다. 포는 한 해 전에 받았던 친구의 편지를 떠올렸다.

"이쪽으로 와서 공무원이 되는 게 어떻겠는가?" 동료 작가인 프레데릭 토마스가 워싱턴 D.C.에서 보낸 편지는 이렇게 시작했다. "연봉이 1,500달러인데 매달 나눠서 받을 수도 있다네. 미국 정부는 다른 채권자들에게는 성실하게 빚을 갚지 않을지언정 공무원들에게는 꼬박꼬박 급여를 주지. 잘 생각해보게. 아침 9시 조금 넘은 시간에 느긋하게 집을 나와 사무실까지 걸어서 출근할 수 있고, 오후 2시만 약간 넘으면 저녁이 기다리고 있는 집으로 산책하듯 퇴근할 수 있는 일자리라네. 사무실로 되돌아가는 법 없이 그걸로 하루 일과는 끝이지."

포는 그의 제안이 무척 맘에 들었다. 개인적 친분 관계를 이용해 정부의 서기직에 취직할 경우 〈그레이엄스 매거진〉에서 받던 돈의 두 배를 벌 수 있었다. 가난한 예술가에게 달콤한 제안이 아닐 수 없었다. 토마스는 존 타일러 대통령의 아들과 친구 사이였기 때문에 세관에 자리를 만들어줄 수 있다는 그의 말은 설득력이 있었다. 토마스의 얘기에 귀가 솔깃해진 에드거는 드디어 1843년 3월 8일, 불안과 희망이 교차하는 복잡한 마음을 안고 면접을 위해 필라델피아를 떠났다.

하지만 언제나 문제는 포가 불안해지면 술을 마신다는 것에 있었다.

상황은 그가 호텔에 도착하자마자 꼬이기 시작했다. 토마스는 병이 들어 누워 있었다. 설상가상으로 포가 응시한 세관 자리에는 1,200명이 넘는 지원자가 몰려들었다. 하루아침에 낯선 도시에 홀로 내팽개쳐진 신세가 된 포는 방황하기 시작했다.

한 친구에 따르면 포는 "첫날 저녁에 다소 흥분한 듯 보였고, 사람들이 계속 권하자 포트와인브랜디를 섞은 포도주을 마셨다." 다음 날은 술을 마시지 않았지만 오래가지 못했다. 그는 곧 술을 다시 찾기 시작했고, 술에 취해서 외투를 뒤집어 입거나 토마스와 다른 잠재적 후원자들을 모욕하는 일들이 잦아졌다. 한번은 유명한 편집인의 턱수염을 공개적으로 놀려대는 큰 실수를 범하기도 했다. 워싱턴 거리에서 포를 우연히 만났던 지인에 따르면 "포는 매우 지저분하고 비통에 찬 모습"이었다. 또 "전날부터 음식이라고는 한 입도 먹지 못한 상태"였고, "한끼 식사를 해결하기 위해 50센드를 빌려달라고 사정"하기도 했다.

포의 또 다른 친구인 제스 다우에게는 너무나 익숙한 광경이었다.

"이곳에 와서 그를 집으로 안전하게 데려가시는 것이 좋을 것 같습니다." 다우가 필라델피아의 한 잡지 발행인에게 쓴 편지에서 말했다. "포 부인의 건강이 안 좋다는 점을 생각해서, 그가 당신과 함께 도착할 때까지는 그에 대해 한마디도 그녀에게 하지 말아야 한다는 점을 신신당부드립니다."

병고와 회한만 얻은 채 필라델피아의 집으로 돌아온 포는 쑥스러운 사과의 편지를 토마스의 친구 타일러에게 썼다.

"부디 외투를 뒤집어 입은 일이라든지 다른 유사한 작은 실수들에 대해 잊어주시기 바랍니다 … 그리고 저의 무례를 용서해주시고 제가 한 모든 말들이 진심이었다고 믿지 말아주십시오."

포는 자신이 세관의 서기가 되면 금주 모임에 가입할 것이라고 약속했다. 그리고 그때 농담으로 다음과 같이 덧붙였다.

"그렇게 되면 세상이 인정하고 스스로도 자부심이 강한 한 청년을 박하 술과 포트와인의 위험으로부터 구제해준 셈이 되므로, 타일러 씨에게는 매우 큰 자랑거리가 될 겁니다."

불행하게도 현실은 정반대였다. 포는 술독에 빠져 살았다. 〈더 스타일러스〉 창간에 뜻을 같이 했던 동업자도 사업에서 발을 뺐고, 포는 가족들과 함께 좀 더 비좁은 동네로 이사했다. 불행 중 다행으로 마음씨 좋은 집주인이 포의 월세를 깎아주었다. 마리아 숙모는 언제나처럼 즐거운 마음으로 집 안을 깔끔하게 정돈하고 밖의 화단을 예쁘게 가꾸었다. 하지만 포는 계속 의기소침해서 잊혀져가는 시간을 힘들게 견디고 있었다.

"포의 이웃들은 그가 누구인지 잘 몰랐어요." 몇 년 뒤에 포가 유명 인사가 되었을 때 만난 한 동네 주민이 말했다. "그가 어떤 사람인지 빨리 알아보지 못해서 유감이에요." 그렇지만 당시에는 포의 진가를 알아볼 여지가 거의 없었다고 그녀는 하소연했다. 그때의 포는 그저 언제나 수심이 가득한 표정으로 말없이 지내던 사람이었다는 것이다. "포와 그의 아내, 그리고 클렘 부인은 남과 어울리지 않고 지냈어요. 그들은 속마음을 잘 드러내지 않는 걸로 유명했어요 … 아마도 가난과 성공에 대한 열망 때문에 그랬겠죠."

포는 10년 전 존 앨런으로부터 막대한 부동산에 대한 상속권을 박탈당한 이래 가장 최악의 상황에 직면했다. 그리고 10년 전 그때와 동일한 구원의 손길이 포를 찾아왔다. 포가 우연히 펼쳐본 한 지역신문에 소설 공모전을 알리는 광고가 실려 있었던 것이다.

당선자에게 후사함. 절대 사기 아님.

〈그레이엄스 매거진〉을 "쓸데없는 겉멋과 감상으로 가득한 잡지"라고 몰아붙였던 포에게 〈더 달러 뉴스페이퍼 *The Dollar Newspaper*〉는 처음에 깊은 인상을 주지 못했다. 이제 막 가족용 잡지를 기치로 필라델피아에서 창간된 주간 〈더 달러 뉴스페이퍼〉는 스스로 "농부와 장인들, 상인과 노동자들, 그리고 전문지 종사자들   사업가와 유한 계층 사람들, 나이 지긋한 부인들과 하녀들 … 과학자와 정치인들"을 위한 잡지라고 선전하면서 각계각층의 사람들을 독자층으로 끌어들였다. "놀랄 만한 염가"로 판매한다는 다소 덜 고상한 약속 때문인지는 모르지만, 잡지는 얼마 지나지 않아 날개 돋친 듯 팔리기 시작했다. 결국 포는 공모전에 소설을 출품했고, 〈더 달러 뉴스페이퍼〉는 1843년 6월 14일 자 잡지에서 "공모전 심사위원회에서 필라델피아의 에드거 앨런 포 씨가 쓴 「황금 벌레 The Gold-Bug」를 대상으로 선정하였으며, 수상자에게는 부상으로 100달러를 지급한다"라고 자랑스럽게 발표했다.

참으로 궁합이 잘 맞는 선택이었다. 〈더 달러 뉴스페이퍼〉 자체도 그렇고, 「황금 벌레」도 많은 사람에게 즐거움을 선사하는 작품이었다. 해적 키드가 숨겨놓은 보물을 발견한 사우스캐롤라이나 출신의 괴짜 신사에 관한 이야기인 이 소설은 모든 사람의 구미를 만족시킬 수 있는 요소들을 갖추고 있다. 기본적으로 많은 사람들이 좋아하는 해골들과 보물찾기 게임이 완비되어 있는 '해적 이야기'에다가, 보이지 않는 잉크로 쓰인 암호문이 등장하고, 덤으로 그림 글자 조합 수수께끼 같은 온갖 종류의 수수께끼를 즐길 수 있으며, 심지어 왼손과 오른손을 구분하지 못하는 노예를 조롱하는 저속한 인종차별적 코미디마저 담겨 있기 때문이다.

몇 달 전만 해도 포는 친구에게 "그동안 암호 따위를 해독하느라 내게 돈이나 다름없는 귀한 시간을 허비했네. 아마도 수천 달러는 너끈히 낭비했을 걸세"라고 불평하곤 했다. 하지만 포의 암호 해독은 「황금 벌레」에서 큰 보상을 받았다. 소설은 포가 〈알렉산더스 위클리 메신저〉의 칼럼에서 다루던 것들과 유사한 암호문의 해독을 중심으로 전개되었고, 암호문 해독 칼럼가로서의 포의 생각들이 등장 인물들의 입을 통해 흘러나오면서 소설을 한껏 흥미진진하게 만들 었기 때문이다. 해적 이야기에다 수수께끼 풀기를 더해서 소설을 쓴 다는 포의 천재적인 발상은 아마도 그 전해에 발생한 한 사건에서 영 감을 받은 것인지도 모른다. 당시 한 여인이 나타나 자신이 해적 키 드의 누이동생이라면서 키드의 보물에 대한 권리를 주장하는 소송 을 제기했다는 어처구니없는 뉴스가 사람들 사이에 떠돌았고, 이로 인해 비록 잠깐이긴 하지만 해적 키드에 대한 관심이 크게 높아졌던 것이다.

"만약 이 여인이 진짜 해적 키드의 누이동생이라면," 그녀의 소문 을 다룬 한 신문은 이렇게 적고 있다. "그녀가 자신의 오빠였으면 하 는 인물이 이미 140년 전에 적법한 절차를 거쳐 교수형에 처해졌다 는 사실을 고려할 때, 그녀에게는 지금까지 수명을 연장할 수 있었던 특별한 비결이 있음이 틀림없다."

「황금 벌레」야말로 진짜 해적 키드가 남긴 보물 상자였음이 분명 했다. 대상 수상작으로 발표된 지 일주일도 지나지 않아 다음과 같 은 기사 제목이 올라왔다.

"대상 수상작을 사기 위해 사람들이 서점 앞에 장사진을 이루다!"

〈더 달러 뉴스페이퍼〉는 서둘러 소설의 판권을 등록한 뒤, 곧장 2 판과 3판의 인쇄에 들어갔다. 「황금 벌레」의 명성은 한 칼럼기기 그 것을 "둘도 없는 사기"라고 선언한 뒤에 더욱 높아졌다. 격노한 포는 그를 법정에 세우겠다고 위협했다. 실제로 소송은 일어나지 않았지만, 이후 6주 동안에 걸쳐 포의 명성을 이용해서 사람들의 관심을 끌고자 하는 실로 다양한 일들이 일어났다. 예를 들어 〈그레이엄스 매거진〉은 재빨리 『에드거 앨런 포의 공상모험소설』 제1권의 발간(그들은 결코 제2권을 발간하지 않았다.)을 알리는 전단지를 뿌렸으며, 필라델피아의 아메리칸 씨어터도 급히 포의 소설을 각색한 연극을 무대에 올렸다. 그뿐만 아니었다. 볼티모어의 한 가게에서는 "황금 벌레" 복권을 만들어 팔았는데, 그들은 포의 소설에 관한 꿈을 꾼 뒤 복권에 당첨된 사람의 얘기를 그럴듯하게 선전하기도 했다.

포가 대략 계산한 바에 따르면 〈더 달러 뉴스페이퍼〉가 발행한 것과 해적판을 합쳐서 약 30만 부의 「황금 벌레」가 팔려나갔다. 하지만 불법 복제판은 포의 재정에는 어떤 도움도 되지 못했다. 9월이 되자, 포는 파산 직전의 제임스 로웰에게 「고자질하는 심장」의 원고료를 지불해달라고 요구(그가 결코 하지 않겠다고 약속했던 극단적인 행위)하는 지경으로까지 몰렸다. 사실 그는 이미 수주 전에 「고자질하는 심장」을 솜씨 좋게 재활용한 「검은 고양이 *The Black Cat*」를 발표한 바 있었다. 「검은 고양이」는 제정신이 아닌 일인칭 화자를 사용하고 가족(동거인)에 의한 살인을 다룬다는 점에서 「고자질하는 심장」과 매우 흡사했다. 「검은 고양이」가 출간되고 제임스 로웰도 어렵게 만든 5달러를 보내주었지만, 포가 필요한 돈에는 턱없이 모자랐다. 포는 「황금 벌레」의 성공을 이용해서 자신에게 절실했던 새로운 수입의 원천을 만들어야만 했다. 바로 '강의'가 그것이었다.

포가 버지니아 대학을 떠난 뒤 15년 동안 미국의 교육 시스템은 변화했다. 특히 각 도시에 비공식적인 강연 공간을 마련해놓고 작가와 학자들이 그곳으로 와서 강의하는 '라이시엄(문화회관) 운동'이 그 변화를 주도했다. 아직까지 대학 교육이 흔치 않던 시절에 그것은 미국인들을 당대의 지적 토론에 동참시키고, 운동의 주창자가 희망했던 대로 그들을 술집으로부터 벗어나게 해주는 통로가 되었다. 사실 회관을 찾아와 한 번 강연을 듣는 것만으로 사람들이 포의 생각을 제대로 이해하기는 어려웠다. 하지만 기꺼이 운동에 동참하기로 결정한 포는 그해 11월에 필라델피아에서 〈미국의 시〉라는 제목으로 최초의 강연을 했다. 언론에서는 그를 "황금 벌레와 기타 다수의 작품"을 쓴 작가라고 부르고 있었지만, 비평은 포의 또 다른 직업이었다. 포는 결코 비평에 대해 싫증을 낸 적이 없었다. 사실 그에게 "기타 다수의 작품"이란 다른 무엇보다도 시를 의미했는데, 나쁜 시들에 대해 가차 없이 공격하는 그의 평론들은 시에 대한 이런 애정에서 비롯된 것이다.

그 주에 발간된 필라델피아의 한 신문은 "포의 강연은, 때때로 지나치게 개인적인 감정을 담아 심하게 공격하는 것처럼 보이는 발언도 있긴 했지만, 전반적으로 청중들을 만족시켰다"라고 보도하면서, 특히 그가 평론을 통해 상대방의 작품을 서로 칭찬해주는 당시 문단의 '품앗이 칭찬'에 대해 경멸을 표했다고 덧붙였다.

"포 씨는 가장 정교하게 만들어진 『노아 웹스터 사전*Noah Webster*』에서부터 싸구려 동화책인 『엄지손가락 톰 *Tom Thumb*』에 이르기까지 종류를 가리지 않고 모든 책에 대해 천편일률적이며 무차별적인 찬사를 보내는 문단의 풍토를 낱낱이 까발렸다."

다른 도시에서의 강연들도 성공적이었다. 하지만 1844년 봄, 포가 미국 동부 연안의 많은 도시들을 한 바퀴 돌고나자 문제가 발생했다. 이제부터 강연을 가야 할 곳은 그를 병고에 시달리는 아내와 사랑하는 숙모로부터 너무 멀리 떨어져 있게 만들기 때문이었다. 포는 이미 재앙에 가까웠던, 워싱턴 D.C.에서의 잃어버린 한 주를 통해 그것이 얼마나 위험한지 잘 알고 있었다. 포는 그해 봄 순회강연 대신 한 편의 추리소설을 완성해 출판사에 보냈다. 자신의 추리소설들 중 가장 세련된 작품인 「도둑맞은 편지*The Purloined Letter*」였다.

창의적이며 기념비적인 작품인 「모르그 가의 살인 사건」과 예상치 못한 참담한 실패로 끝난 「마리 로제의 수수께끼」 이후 나온 이 소설은, 완벽한 추리소설이 어떤 것인지를 보여주는 걸작 중의 걸작이다. 포는 「도둑맞은 편지」를 통해 추리소설이 한 편으로만 그치지 않고 계속해서 나올 수 있을 뿐만 아니라, 각 소설들이 저마다 차별적이며 훌륭한 작품이 될 수 있음을 입증했다. 훔친 서류를 숨긴 어떤 정직하지 않은 장관의 얘기를 다룬 「도둑맞은 편지」에서 포는 마침내 등장인물들을 자신의 주인공인 뒤팽의 주위에 능숙하게 배치해내고 있다. 일례로 「모르그 가의 살인 사건」에서 있는 듯 없는 듯 가볍게 취급되던 경찰서장이 이 작품에 이르러서는 추리 장르를 튼튼하게 떠받치는 전형적인 인물상(융통성 없이 원칙만 고집하는 경찰서장)으로 진화한다. 또한 조수의 경우도 여전히 이름은 나오지 않지만, 실로 오랜 기다림 끝에 이 소설에 이르러 자신만의 대사들을 부여받고 있다. 여기에는 그와 뒤팽이 진짜 탐정 듀오에게서 볼 수 있는 꿍짝이 맞는 관계를 만들어나가고 있음을 보여주는, 경찰서장에 대한 질문도 포함되어 있다.

"계속 얘기하시죠." 내가 말했다.
"하지만 얘기하기 싫으시면 안 하셔도 됩니다." 뒤팽이 말을 받았다.

포는 글의 구성에 실패한 「마리 로제의 수수께끼」와 등장인물의 구현에 성공한 「황금 벌레」에서 많은 것을 배웠다. 이제 글은 시작한 순간부터 끝을 향하여 거침없이 나아간다. 일장 강의를 하는 뒤팽의 모습도 꼭 필요한 때(경찰서장과 조수가 그와 함께 등장하는 장면)에만 나온다. 소설을 완성한 직후 제임스 로웰에게 보낸 편지에서 밝힌 대로 포도 자신이 무언가를 이루어냈다는 점을 알고 있었다.
"곧 〈더 기프트 *The Gift*〉에 발표될 「도둑맞은 편지」는 아마도 그동안 제가 쓴 추론 소설들 중 최고의 작품이 아닐까 생각합니다."
포가 추론이라고 부르는 것, 즉 연역적인 분석과 수수께끼 풀이는 문자 그대로 「도둑맞은 편지」의 근간을 이루는 것이었다. 그동안 단순히 포의 소설을 유혈과 정신이상이라는 선정적인 이미지들과 연결해서 생각해왔던 사람들에게 이것은 중요한 발견이었다. 사실 「모르그 가의 살인 사건」에서 모녀가 한꺼번에 살해되고, 그중 한 희생자는 시체가 굴뚝에 거꾸로 처박히기도 했지만, 그것이 이 소설의 요체는 아니었다. 「도둑맞은 편지」에서도 직접적인 폭력은 어디에도 나오지 않는다. 폭력과 관련 있는 것이라고는 사소한 폭력의 위협과 혼란을 초래할 목적으로 사용된 총알 없는 빈총이 전부이다.

뒤팽의 연역적 분석 과정(포는 「모르그 가의 살인 사건」에서처럼 이것을 수수께끼나 게임과 상세하게 비교하고 있다.)은 가장 단순하면서도 강력한 소설의 모티브임이 입증되었다. 흥미롭게도 그 모티브는 폭력이나 선정성과는 아무 관련이 없다. 그것은 무질서에 질서를, 설명 불가능해 보이는 현상에 인과관계를 부여하는 것이다. 이제 추리소설 애호가들은 작품의 소재가 단순한 종이 서류냐 아니면 섬뜩한 시체냐에 상관없이 이 흥미로운 오락이 있어야만 추리소설로 여기게 되었다. 그것은 낱말 맞추기 게임을 풀었을 때와 동일한 만족감을 그들에게 선사했다.

포가 더 이상의 글을 쓰지 않았더라도 문학사에서 포가 차지하는 위치는 여전히 확고했을 것이다. 「도둑맞은 편지」를 통해 그는 추리소설이 결코 요행으로 쓸 수 있는 글이 아니며, 놀랍도록 유연하고 설득력 있는 이야기를 들려주는 (그리하여 세계에서 가장 인기 있는 문학으로 성장할 수 있는) 장르라는 점을 웅변으로 보여주었다. 필력의 정점에서 많은 작가들이 그랬던 것처럼 포도 자신이 다음 행선지로 택해야 할 곳이 어디인지를 잘 알고 있었다. 바로 뉴욕시였다.

미국의 셰익스피어
The Shakespeare of America

우리가 에드거 앨런 포의 심정이 어떠했는지 짐작해볼 수 있는 기회는 결코 흔하지 않을 것이다. 하지만 1844년 4월 7일만큼은 우리가 그런 마술을 그런대로 부려볼 만한 하루가 아닐까 싶다. 그날, 그리니치 빌리지작가 등 예술가들이 많이 모여 사는 뉴욕의 주택가에는 나른한 아침 햇살이 내리쬐고 있었다. 신문에는 "어제 국회에서 진행된 입법 절차는 어떤 자그마한 성과도 낳지 못한 채 끝나고 말았다"라는 기사가 실렸다. 이제 그들의 유일한 위안거리는 몇 블록 떨어진 곳에서 개최되고 있는 P. T. 바넘미국의 유명한 서커스 단장 및 흥행업자. 최근에 나온 영화 〈위대한 쇼맨〉의 실제 인물의 "미국 박물관 및 미라 축제"이며, 바넘이 사람들에게 '세계에서 가장 큰 남자와 여자인 랜들 부부'를 보러 오라고 선전하고 있다고 덧붙였다.

포는 정성껏 차려진 하숙집 아침 식사(따뜻하고 맛이 좋은 커피와 송아지 고기 커틀릿, 근사한 햄과 달걀, 그리고 빵과 버터)를 만족스럽게 하고 있었고, 옆에서는 아내인 버지니아가 못에 걸려 찢어진 그의 바지를 수선하고 있었다. 포는 약간의 시간이 남아서 마리아 숙모에게 편지를 썼다. 그는 이 놀라운 대도시를 숙모에게 어서 알리고 싶었다. 포가 여태껏 쓴 것들 중에서 어쩌면 가장 수다스럽고 따뜻한 것일지도 모를, 그래서 위대한 문학가가 아닌 평범한 한 남자로서의 포의 일면을 엿볼 수 있는 그런 편지였다.

"우리가 도착했을 때 부두에는 세찬 비가 내리고 있었습니다." 포가 맨해튼에 도착하던 당시를 회상했다. "저는 우산도 사고 하숙집도 알아보기 위해 여자용 선실에 버지니아와 짐을 남겨놓은 채 배에서 내렸습니다. 우산 장수를 만나 62센트에 우산을 산 뒤 그리니치가로 갔습니다. 하숙집을 찾는 데는 시간이 별로 걸리지 않았습니다 … 낡고 오래된 집이었습니다. 주인 여자는 말이 좀 많지만 상냥한 노부인이었습니다 … 그녀의 남편도 같이 살고 있었는데, 그는 약간 뚱뚱하고 성격이 좋은 남자였습니다."

그는 고향 집에 두고 온 고양이, 캐터리나도 잊지 않았다.

"캐터리나도 같이 와서 보았으면 좋았을 텐데 … 녀석은 아마도 놀라 기절했을 거예요."

포 자신도 싼 월세 가격에 놀라움을 금치 못했고("중심가인 점을 감안하면 내가 아는 한 가장 싼 하숙집이다.") 하숙집 주인이 공짜로 제공하는 산더미처럼 쌓인 케이크에 경탄했다.("이곳에 굶주림의 공포는 존재하지 않는다.") 그것은 이제 막 뉴욕으로 위대한 발걸음을 옮긴 야심에 찬 자가에게 희망찬 앞날을 예고하는 기분 좋은 출발이었다. 포는 돈을 벌어 마리아 숙모를 뉴욕으로 모셔올 때까지 자기 부부는 잘 지내고 있겠다고 그녀를 기분 좋게 안심시켰다.

그러고는 "저는 어느 때보다도 정신이 맑으며 술은 한 방울도 입에 대지 않고 있습니다"라고 덧붙였다.

아내 버지니아의 폐결핵이 잠시 진정되는 틈을 타서("그녀는 거의 기침도 하지 않고 더 이상 식은땀도 흘리지 않습니다.") 포 부부는 좀 더 오래 지낼 수 있는 집을 찾아 나섰다. 그들은 84번가와 브로드웨이 근처에 있는 농갓집이 맘에 들었다. 아직 농촌 지역이라 비싸지 않았고, 도시에서 멀리 떨어져 있어서 200에이커에 달하는 목초지가 집을 둘러싸고 있었다. 미래의 맨해튼 중심부와 외곽 지역을 한가로이 거닐거나 일 인용 보트를 타고 허드슨강으로 노를 저어 나아가면서, 포는 이 지역의 목가적인 풍경이 오래가지 않을 것임을 직감했다.

"나는 지금 언제라도 볼 수 있는 저 멋있는 절벽들과 위풍당당한 나무들에게 닥칠 운명(필연적이며 빠르게 다가올)을 생각하면, 한순간도 그것들을 한숨 없이는 볼 수가 없다." 포의 예측은 계속됐다. "앞으로 20년, 아무리 늦어도 30년 뒤에는 선박과 창고, 그리고 부두를 제외하고는 더 이상의 낭만적인 풍경은 존재하지 않을 것이다."

실제로 허드슨강은 이미 보물 사냥꾼들로 북적였다. 「황금 벌레」가 폭발적인 인기를 끈 데다가 때마침 구조 대원 한 명이 수면에서 30피트 아래에 있는 허드슨강 바닥 지점에 해적 키드의 난파선이 있다고 선언했기 때문이었다. 뉴욕의 한 신문사는 당시 상황을 "널찍한 잠수종잠수부가 물속에서 오랫동안 작업할 수 있도록 만든, 종처럼 생긴 장비이 설치되었고, 인부들을 위한 잠수복도 지급되었다. 발굴 및 연마 등을 위한 장비들도 속속 준비되고 있다"라고 보도했다. 투자자를 모집하기 위해 약 50만 달러에 이르는 주식도 발행되었다. 누구보다 이 모험의 가치를 잘 알고 있는 포였지만, 가난했던 그는 단 한 주도 살 수 없었다. 하지만 오히려 다행스러운 일이었다. 주식을 발행한 회사는 사기꾼이 운영하던 것이었다. 그들은 강 속에 가짜 보물을 숨겨놓은 뒤 그것을 "발견한 것처럼" 떠들어댔고, 거기에 속아 넘어간 뉴욕 시민들로부터 주식 대금을 챙겨 달아났다.

물론 포 자신도 이미 그런 혹스 작품을 몇 편 쓴 경험이 있었다.

"긴급 뉴스! 노포크_{영국 북동부 지방에 위치한 주}발 특급! 대서양을 단 3일 만에 횡단하다! 몽크 메이슨의 비행기구가 이룩한 위대한 업적!!!"

1844년 4월 13일 자 〈더 선 *The Sun*〉은 전면 기사를 통해 다급하게 대서양 횡단 성공을 알렸다. 그들의 설명에 따르면, 잘 알려진 열기구 조종사인 몽크 메이슨과 저명 작가인 해리슨 에인즈워스를 포함한 8명의 영국인이 "더 빅토리아"호라는 이름의 거대한 비행선을 타고 대서양을 건넜다.

"위대한 도전이 드디어 결실을 맺다!" 신문은 장문의 표지 기사에서 의기양양하게 선언했다. "육지 및 바다와 마찬가지로 과학에 의해 정복된 하늘은 앞으로 인류가 일상적으로 이용하는 편리한 고속도로가 될 것이다."

뉴욕 시민들을 깜짝 놀라게 만들었지만, 사실 이 위대한 업적은 하루아침에 이루어진 것이 아니었다. 이미 1800년에 뉴욕의 여러 신문에는 프랑스에서 출발한 "열기구 선단이 곧 미국을 향해 날아갈 것이다"라는 기사가 실렸었다. 또한 1835년에는 맨해튼 주민들이 한 열기구 조종사가 맨해튼 중심가에서 출발해 대서양을 건널 계획을 갖고 있다는 소식을 들었으며, 최근에는 존 와이즈라는 이름의 열기구 조종사가 또 다른 대서양 횡단 계획을 발표했다. 하지만 지금껏 인류가 시도했거나 성취한 것들 중에서 의심할 여지없이 가장 위대하고, 흥미로우며, 중요한 업적임이 분명한 성공적인 비행 소식은 뉴욕 시민들을 열광의 도가니로 몰아넣었다. 그리하여 적어도 포의 설명에 따르면 다음과 같았다.

"〈더 선〉의 사옥을 둘러싸고 있는 광장 전체가 문자 그대로 입추의 여지없이 사람들로 가득 찼다 … 나는 사람들이 신문 한 부를 얻기 위해 이렇게까지 흥분해서 서로 다투는 것을 지금껏 본 적이 없다."

물론 그것은 완전히 사기였다.

뉴욕 시민들이 오랫동안 속은 것은 아니었다. 비록 포의 이름은 기사 어디에도 나오지 않았지만, 사람들은 "더 빅토리아"호의 착륙지가 설리반즈 아일랜드미국 사우스캐롤라이나 주 찰스턴 카운티에 있는 섬으로,「황금 벌레」의 배경으로 나오는 장소일 것이라고 쑤군거렸다. 포가 「황금 벌레」에서 똑같은 장소를 배경으로 사용했기 때문이다. 뉴욕에 온 지 겨우 한 주 뒤에 일어난 이 혹스는, 비록 몇 년 전 같은 신문에 실린 리처드 로크 애덤스 기자의 "달 혹스"를 더 자주 언급하게 되는 바람에 포를 약간 화나게 만들었지만, 포에게도 자신을 알리는 훌륭한 명함이 되어주었다.

"성공한 혹스는 대체로 그것이 정확한 사실에 근거하기 때문이다." 포는 뒤에 이렇게 지적했다. "〈더 선〉의 '열기구 얘기'는 오류도 없고, 실제 일어나지 않을 것 같은 내용도 아니었지만, 〈더 선〉이 과거에 빈번하게 저지른 비슷한 성격의 거짓말 때문에 사람들의 신임을 잃어버렸다."

하지만 포가 뉴욕에서 생활비를 충당할 곳은 신문과 잡지들밖에 없었다. 찰스 디킨스가 자신에게 영국의 출판업자를 소개해줄 것이라는 희망에도 불구하고 그에게서는 아무런 제안이 오지 않았기 때문이다. 사실 영국에서는 미국 작품의 해적판이 자유롭게 출판되었기 때문에 앞으로도 그럴 가능성은 거의 없었다.

"국제적으로 통용되는 지적재산권법이 없기 때문에 작가들은 출판사로부터 자신의 노동에 대한 대가라고 할 만한 것을 제대로 받을 수가 없다. 이로 인해 우리 시대의 최고의 작가들조차도 어쩔 수 없이 잡지 기사나 서평 쓰는 일을 해야만 한다."

포가 한 사설에서 이렇게 불평했다. 그가 자신을 염두에 두고 이런 말을 했음이 자명했다. 1844년 가을부터 〈뉴욕 미러〉에서 일을 시작한 포는 그곳에서 기사 제목을 다듬거나 저자를 밝히지 않는 글을 쓰곤 했는데, 뒤에 그의 상사인 너새니엘 파커 윌리스가 밝힌 것처럼 그런 일들은 포가 〈그레이엄스 매거진〉에서 했던 일들에 비해 "수준이 한 단계 떨어지는 일"이었다. 그런에도 그것은 당시 그들이 포에게 제공할 수 있는 최고의 일자리였다.

포는 활동 무대를 뉴욕으로 옮기면서 자신이 「광물질이 함유된 포장 도로를 만들자*Try a Mineralized Pavement*」와 같은 제목의 잡문들을 쓰게 될 것이라고는 상상도 하지 않았을 것이다. 하지만 잡문 쓰는 일에도 소소한 즐거움은 있었다. 어느 날 저녁 담배 가게에 들른 포는 종업원인 가브리엘 해리슨이 민주당을 위한 지역 선거 유세 노래를 만드느라 낑낑대고 있는 것을 보았다. 그는 포에게 도움을 요청했다.

"제가 손님을 맞기 위해 기다리는 동안" 해리슨이 뒤에 당시 일을 회상했다. "그는 '별이 빛나는 깃발'미국의 국가 "The Star-Spangled Banner"을 개사한 노래를 만들었습니다."

해리슨은 포가 급히 휘갈겨 쓴 노랫말("창공 높이 솟아오르는 흰 독수리를 보라/드넓은 하늘을 우렁찬 함성으로 깨우네.")이 맘에 쏙 들었다. 하지만 작사가는 "해리슨이 가장 아끼는 커피 한잔" 외에는 어떤 대가도 받기를 거부했다. 감사한 마음에 해리슨이 이름을 묻자 포는 미소를 살짝 지으며 이렇게 말했다.

"새디어스 펄리Thaddeus Perley라고 합니다. 언제든지 도움이 필요하면 말하세요."

해리슨은 얼마 지나지 않아 이 신사가 다른 이름을 갖고 있다는 사실을 알게 되었다. 그리고 그 무렵에는 이미 에드거 앨런 포의 책 속 대사를 몇 줄쯤 암송할 줄 모르는 사람은 찾아보기 어려웠다.

포가 만든 노래에는 단지 비범하다는 표현만으로는 부족한 무언가가 있었다. 무대 배우의 피를 타고난 그에게 노래는 옛사랑의 기억처럼 언제나 가슴을 뛰게 만드는 가장 강렬한 사랑의 대상이었다.

　"음악과 몇몇 시들은 나를 크게 고양시킨다." 그해 포는 제임스 로웰에게 쓴 편지에서 이렇게 말했다. "음악은 영혼 또는 이념의 완성체이자, 시의 완성체이다. 달콤하고 몽환적인 분위기(그 원인을 분명히 밝히거나 연상시켜서는 안 된다.)에 의해 촉발된 모호한 행복감의 표현이야말로 정확히 우리가 목표하는 바이다."

　잡문과 소설을 쓰는 것이 돈벌이는 더 좋았지만 포의 첫 번째 사랑은 언제나 시였다. 그의 젊은 날을 사로잡았던 키츠나 바이런, 무어, 그리고 사무엘 콜러리지 같은 낭만파 시인들은 한결같이 모호한 행복감을 추구했다. 콜러리지의 몽환적인 시 「쿠블라 칸Kubla Khan」이 그 대표적인 예이다. 또한 그들은 음악성을 매우 중시해서 무어의 경우는 처음에 '발라드를 부르는 시인'이라는 명성을 얻을 정도였다.(포는 산문에 가까운 워즈워스의 시에 대해서는 전혀 감동을 받지 않았다.) 비평가로서의 포에게 가장 큰 호평을 받은 시인은 알프레드 테니슨과 엘리자베스 버렛이었다. 포의 가장 유명한 작품인 「갈까마귀The Raven」의 앞부분은 훗날 로버트 브라우닝영국의 빅토리아 왕조를 대표하는 시인의 부인이 될 버렛의 시, 「제럴딘 부인의 구애Lady Geraldine's Courtship」의 운율에서 영감을 받은 것이다.

　　언젠가 어느 음울한 밤, 나는 떠올리고 있었지, 처약하고 고단한 몸으로,

　　지금은 잊힌, 진기하고 재미있는 옛이야기 책을—

그러다가 선잠이 들었지, 고개를 꾸벅이며 조는데,

갑자기 문을 두드리는 소리가 들렸어,

부드럽게 내 방문을 두드리는 소리.

"누군가" 나는 중얼거렸어, "내 방문을 두드리고 있어—

그것뿐이야. 그 밖에 다른 것은 없어."

위의 시에서 행 바꿈과 운들을 없애더라도 그것은 여전히 의심의 여지없는 포의 작품일 것이다. 한밤중, 고단함, 전략적으로 이름을 밝히지 않는 오래된 책, 막 잠이 들려고 하는 임계 상태, 불시에 나타난 초자연적인 존재가 던지는 부정의 말. 이쯤 되면 누구나 어렵지 않게 리지아나 로더릭 어셔를 떠올리게 될 것이다. 그리고 시에서 "두 번 다시는 없어 Nevermore"를 반복해서 외침으로써 슬픔에 찬 화자를 미칠 지경으로 몰아가고 있는 갈까마귀는, 역시 제정신이 아닌 화자들이 나오는 포의 다른 작품들에서 심장박동 소리나 검은 고양이가 그러하듯, 강박적이고 자기파괴적인 역할을 수행한다.

시라는 형식을 취함으로써 포는 고작 신문 칼럼밖에 안 되는 작은 공간에서 자신이 선호하는 초자연적 존재의 불시 방문, 그에 따르는 부정 그리고 파멸이라는 연결 고리를 낱낱이 보여줄 수 있었다. 「갈까마귀」는 주제나 시각적인 측면에서 포가 나중에 "효과의 통일"이라고 부른 것을 모두 갖추고 있었다. 강력한 반복을 통해 암울한 절망의 상태를 거침없이 구축해나가는 「갈까마귀」의 누적적인 형식은 어린아이라도 쉽게 알아차리고, 그를 통해 뒤에 나올 내용을 예측할 수 있을 정도였다. 본능적인 공포를 자극하는 포의 소설들과는 달리,「갈까마귀」는 누구나 쉽게 외울 수 있는 운을 사용하고 비극적인 상실도 정형화함으로써, 어른은 물론 어린아이도 읽을 수 있는 시가 되었다.

포는 자신이「갈까마귀」를 통해 무언가 보기 드문 성취를 이룩했다는 것을 알았다. 그답지 않게 포는 시의 초안을 영국 시인인 리처드 혼(포는 그의 서사시「오리온Orion」을 높이 평가했다.)에게 보내 그의 의견을 묻는 한편, 엘리자베스 버렛에게도 시를 전달해달라고 부탁했다. 아마 포는 그들의 반응이 어떠할지 이미 알고 있었을 것이다. 포의 친구였던 윌리엄 로스 윌리스(그 자신도「요람을 흔드는 손*The Hand That Rocks the Cradle*」으로 명성을 얻은 시인이었다.)도 포가 아직 미발표 상태인 시를 자신에게 읽어주었고, 자신은 거기에 대해 "훌륭한, 대단히 훌륭한" 시라고 얘기해주었다고 회상했다.

"훌륭하다고?" 포는 코웃음을 쳤다. "고작 그렇게밖에 얘기할 수 없나? 이건 지금껏 나온 가장 위대한 시란 말일세."

뉴욕시는 이 시의 발표를 맞이할 만반의 준비가 되어 있었다. 포의「도둑맞은 편지」가 마침내 〈더 기프트〉에 실려 호평을 받았으며, 수주 뒤에는 제임스 러셀 로웰이 쓴 인상 깊은 포의 프로필이, 이상하게 차분해 보이는(심지어는 희망에 차 보이는) 그의 초상화와 함께, 새로 나온 〈그레이엄스 매거진〉에 실렸다. 1845년 1월 29일 지 뉴욕의 〈이브닝 미러*Evening Mirror*〉에「갈까마귀」가 처음으로 활자화된 것은 포가 뉴욕으로 온 이유의 모든 것, 즉 자신의 천재성에 대한 세상의 인정을 쟁취하기 위한 그간의 노력에 정점을 이루는 사건이었다.

"우리는 (책의 출간에 앞서) 우리 시대의 탁월한 작가인 에드거 앨런 포로부터 〈아메리칸 리뷰〉 제2호에 실렸던 「갈까마귀」를 전재해도 좋다는 허락을 받았다." 〈이브닝 미러〉의 편집자인 N. P. 윌리스는 시를 소개하는 글에서 이렇게 쓰고 있다. "지금껏 미국에서 발표된 '탈주파^{미국 북부의 상업적인 가치에서 벗어나 남부에 아직 남아 있는 미국 전통과 대지로 돌아갈 것을 주창하던 문학 그룹}가 쓴 시' 중에서 가장 효과적인 작품 중 하나만 골라야 한다면 바로 이 시라는 것이 우리의 견해이다 … 누구나 이 시를 읽으면 오래도록 잊을 수 없을 것이다."

윌리스는 옳았다. 비단 그뿐만 아니라 포나 다른 사람들도 충분히 예상할 수 있는 일이었다. 「갈까마귀」는 전국의 신문에 언급되었다. 뉴욕에 사는 한 동료 시인은 "「갈까마귀」가 얼마나 빨리 모든 곳에 알려졌는지, 그리고 얼마나 많은 사람들이 '두 번 다시는 없어'를 얘기하고 다니는지" 놀라울 따름이라며 감탄을 금치 못했다. 아마도 「갈까마귀」의 유명세를 보여주는 가장 분명한 증거는 「부엉이 *The Owl*」("하지만 한없이 외로워 보이는 부엉이, 그 말을 내뱉네, 단지 그 말만을"), 「거부권 *The Veto*」("언제가 어느 음울한 밤, 병들고 지친 몸으로 위원회는 떠올렸네, 그들이 따분한 표정으로 부결해버린 수많은 장문의 탄원서를"), 그리고 에이브러햄 링컨이 제목을 보고 폭소를 터트렸다는 「긴털족제비 *The Polecat*」와 같은 수많은 패러디들의 출현이었다. 「갈까마귀」를 패러디한 신문광고들도 줄을 이었고, 심지어는 그해가 다가기도 전에 이 시를 연습 문제에 포함시킨 웅변 책이 나오기까지 하였다. 「갈까마귀」는 문자 그대로 미국 시의 전형으로 여겨졌고, 이런 영예는 오늘날까지도 변함이 없다.

사람들에게 인기가 높았던 「황금 벌레」도 「갈까마귀」의 인기에는 역부족이었다.(그해 봄 포는 "새가 풍뎅이를 이겼다"라고 말했다.) 하지만 이런 성공에도 불구하고, 그것은 단지 시에 불과했다. 시는 소설보다 항상 수입이 적었고, 그나마 해적판이 나오면 한 푼도 받지 못했다. 「갈까마귀」는 「황금 벌레」보다 훨씬 적은 돈을 포에게 벌어주었다.(실제로 9달러에 불과했다.) 하지만 시의 높은 명성은 포에게 새로운 기회를 안겨주었다. 「갈까마귀」가 세상에 모습을 드러낸 지 3주 뒤, 〈브로드웨이 저널*Broadway Journal*〉에서 포를 새로운 파트너로 경영진에 합류시킨다는 발표를 했던 것이다. 포는 매주 장문의 칼럼을 싣기로 신문과 합의했는데, 자신을 세상에 알리기에 충분한 권한이었다.

비평가로서의 포의 펜은 언제나 그에게 최악의 충동을 부추겼다. 특히 헨리 워즈워스 롱펠로우에 대한 이해할 수 없는 복수극은 그 정점에 있었다. 포는 과거에 그에게 편지를 써서 〈펜 매거진〉과 〈그레이엄스 매거진〉에 실을 시를 간청하기도 했지만, 이제는 (처음에는 익명으로, 그리고 나중에는 필명으로) 그가 음률도 모르는 데다 도덕적 부패에 감염되어 있는, 포가 보기에 시를 쓰는 사람이 저지를 수 있는 가장 큰 죄를 범한 시인이라고 공격을 해댔다. 그러고는 롱펠로우의 시 「송년 자정미사*Midnight Mass for the Dying Year*」가 테니슨의 시를 표절했기 때문에 그에게는 이런 비난을 받을 충분한 혐의가 있다고 주장했다.

"그것은 가장 야만스러운 형태의 문학적 지적재산권 침해 행위이다." 포는 목소리를 높여 주장했다. "그 속에서 작가의 권리는 부당하게 침해를 당하며, 가장 눈에 보이지 않는, 그리하여 방어하기도 되찾기도 가장 어려운 그의 재산권이 도용되고 있다."

평소에 거칠고 인색한 비평으로 악명 높은 포였지만, 특히 이런 비난은 터무니없는 것이었다. 롱펠로우는 현명하게도 무대응으로 일관했다. 하지만 그의 독자 중 한 명은 "아우티스Outis"라는 필명으로 롱펠로우를 변호하는 글을 썼고, 포는 1845년 3월에 엄청난 장문의 칼럼을 통해 이를 정면으로 반박했다. 사실 아우티스의 정체는 포 자신이었고, 둘 사이의 논쟁은 사람들의 관심을 끌고자 하는 포의 "독백"이었을지도 모른다. 발행인 찰스 브리그스는 개인적인 견해임을 전제로 "포가 표절이라는 주제에 대해 편집광적인 증세를 갖고 있었다"라고 말했고, 나중에는 "포가 롱펠로우를 상대로 일으킨 전쟁으로 인해 크게 화가 났다. 모든 사람들이 포의 말을 믿지 않았다"라고 덧붙이기도 했다.

한 유명 작가를 골라 계산된 공격을 가하는 것은 오래된 음모였다. 그것은 남에게 쉽게 빌려온 불길로 화려한 잔치를 벌이는 것과 같았고, 그 끝에는 악의가 남긴 차가운 재만이 있을 뿐이었다. 어쨌든 잠시 동안 포는 뜨거운 관심을 받았고, 이를 이용해 강연에 나설 수 있었다. 처음에는 순조로웠다. 300명의 청중이 "미국의 시인과

시"라는 포의 강연을 듣기 위해 모였다. 강연에서 포는 루퍼스 그리스 월드미국의 유명 편집인이자 시인으로 에드거 앨런 포와는 여러 차례의 악연이 있는 사이가 펴낸 동명의 시 선집 『미국의 시인과 시 *Poets and Poetry of America*』에 나오는 유명 작가들을 상세히 다루었는데, 롱펠로우에 대해서는 예상대로 감탄 반, 저주 반의 강의를 이어나갔다. 하지만 4월 17일에 잡힌 두 번째 강연이 예정대로 열리지 않게 되자, 포는 평정심을 잃어버렸다.

"우박과 진눈깨비가 뒤섞인 거센 비가 계속해서 내렸습니다." 〈브로드웨이 저널〉에 근무하던 사환 소년이 당시를 회상했다. "그 때문에 강연 장소에는 12명이 될까 말까 하는 사람들만이 왔고, 포가 (강연 취소를 말하기 위해) 강단에 올랐을 때는 정말 … 다음 날 아침에 그는 친구의 팔에 기대 사무실로 출근했는데, 와인 때문에 많이 취해 있었습니다."

그것은 포에게 그저 하룻밤의 실망스러운 해프닝으로 끝났어야 할 사건이 이제 재앙이 되고 있었다.

포가 그날 밤 전까지 일 년도 넘게 술을 끊고 대신에 진한 커피만 마시면서도 행복해한 것을 보면, 그가 뉴욕으로 올 때 가슴에 품었던 문학적인 야망이 얼마나 크고 진지했는지를 미루어 짐작할 수 있다. 그런 삶은 그에게 긍정적인 영향을 끼쳤다. 무엇보다 포가 주업인 글쓰기를 꾸준하게 할 수 있게 되었고, 편집 일에 있어서도 〈이브닝 미러〉의 편집자인 너새니얼 파커 윌리스가 언급한 대로 포는 "시간을 잘 지키고 부지런해서 신뢰할 수 있었다."

하지만 이제 포는 다시 술의 나락으로, 그것도 급속도로 떨어졌다. 강연이 취소된 지 일주일 뒤에 한 지역신문은 "포가 '증류주, 그것의 올바른 활용과 남용에 관한 논문'을 발표했다"라고 장난스럽게 선언했다. 한 달 뒤에는 제임스 로웰이 개인적으로 포를 만날 기회가 있었는데, 포는 "술에 약간 취해 있었고 … 그런 경우에 남자들이 흔히 그러듯이 자신이 취하지 않았음을 입증하기 위해 과장된 근엄함을 보였다." 하지만 이런 허장성세는 오래가지 않았다. 포는 몸이 몹시 안 좋다는 이유로 7월 1일 예정되어 있던 뉴욕 대학교 강연을 취소했다. 하지만 같은 날 그의 멘토이자 동료 시인인 토마스 치버스는 포가 엉망으로 취한 채 몸을 좌우로 비틀거리며 나소 거리에 있는 술집 앞을 지나가는 모습을 발견했다. 한 술집 단골손님은 포에게 "미국의 셰익스피어"라고 큰 소리로 외쳐대고 있었다.

문학가로서 포의 명성은 정말로 더 이상 오를 곳이 없을 정도로 드높았다. 같은 주에 1839년 이후 첫 번째 책인 『단편소설집 Tales』이 출간되었는데, 발행인인 에버트 다익킹크는 포의 모든 추리소설을 책에 포함시켰고(발표된 순서대로 실렸고, 책의 절반을 차지했다.), 「고자질하는 심장」과 「리지아」를 제외한 다른 소설들도 빼놓지 않았다. 하지만 책에 실린 포의 소설들 못지않게 중요한 것은 도서 목록이 있는 페이지였다. "윌리 앤 푸트넘 Wiley & Putnam 출판사의 미국 문학 시리즈 제2권". 영국에서 나오는 싸구려 해적판들이 범접할 수 없는 책을 만들기 위해 다익킹크가 기획한 이 시리즈에서 포는 너새니얼 호손, 마가렛 풀러, 그리고 떠오르는 신진 작가인 허먼 멜빌과 나란히 이름을 올리고 있었다. 이는 작가를 고르는 다익킹크의 안목이 지닌 비범함을 보여줌과 동시에 「황금 벌레」와 「갈까마귀」가 포의 위상을 얼마나 높였는지 알려주는 증거이다.

그것은 또한 포가 뉴욕으로 간 것이 옳았음을 입증하는 것이기도 했다. 포는 브로드웨이에 있는 윌리 앤 푸트넘 사무실에서 한 블록도 안 떨어진 곳에서 살고 있었다. 그해 여름 포가 도심 지역인 애머티가로 이사했을 때도 그의 집은 마가렛 풀러와 책 판매상인 존 바틀렛의 집에서 불과 한 블록 거리밖에 되지 않았다. 서점이 가까이 있는 것도 포에게는 행운이었다. 바틀렛은 포를 작가들이 모이는 살롱으로 초대했고, 포는 테이블 위에 수북하게 쌓여가는 빵과 버터, 커피 잔의 개수만큼 작가들의 세계를 깊숙이 알아갔다. 당시 포와 함께 살롱을 자주 드나들던 작가로는 제임스 페니모어 쿠퍼와 워싱턴 어빙이 있었는데, 시인인 윌리엄 컬런 브라이언트와 윌리엄 길모어 심스 같은 경우는 하루도 빼놓지 않고 살롱으로 출근하곤 했다.

『단편소설집』의 출간은 살롱의 작가들이 마음을 열고 포를 자신의 동료로 맞아들이는 계기가 되었다. 풀러는 〈뉴욕 트리뷴*New York Tribune*〉의 전면에 『단편소설집』을 상찬하는 글을 실었으며, 심스는 포가 "너무 독창적이기 때문에 어쩌면 생각보다 크게 성공한 작가가 되지 못할 수도 있다. 사람들은 아직 그를 받아들일 준비가 되어 있지 않다"라며 포의 재능에 크게 놀라워했다.

하지만 상대방을 받아들일 준비가 되어 있지 않은 쪽은 사람들이라기보다 오히려 포였다. 포의 음주벽은 〈브로드웨이 저널〉에서 함께 일하는 그의 파트너들을 화나게 만들었고, 급기야 브리그스로 하여금 제임스 로웰에게 "포는 몇몇 장점이 있긴 하지만, 전체적으로 봤을 때 문제점이 많은 사람이다"라고 불평하게 만들었다. 마치 이런 주장을 입증이라도 하듯, 포는 그로부터 몇 주 뒤에 어제의 동지이자 전기 작가인 로웰을 표절로 몰아붙이는, 납득하기 어려운 글을 썼다. 포의 글을 읽은 로웰은 "선의를 베푼 덕에 그와 적이 되고 말았다"라며 씁쓸하기 그지없는 모순을 안타까워했다.

그해 여름 발표된 「우리 안의 작은 악마 The Imp of the Perverse」를 보면, 포가 자신의 유별난 성정을 전혀 모르고 있지는 않았다는 것이 암시된다. 이 수필 말미에 거의 형식적으로 들어간 살인 이야기가 하나 실려 있는데, 여기서 실질적인 살인은 화자 자신이 스스로를 죽이는 것이었다. 포는 "삐뚤어진 마음으로 행하는 … 우리가 하지 않아야 한다고 느끼기 때문에 오히려 저지르게 되는" 행동들에 대해 침울하게 적어나갔다. 좀 더 미묘하게 얘기하자면, 그것은 비이성적인 충동 때문에 생기는 통제력의 상실에 대한 성찰의 기록이기도 했다. 또한 「우리 안의 작은 악마」는 머릿속에서 노래나 구절이 계속 맴도는 현상, 즉 "평범한 노래나 별로 인상적일 것도 없는 오페라 속 구절이 우리의 귓속에서, 아니 그보다는 우리의 기억 속에서 끊임없이 울려대서 괴로움을 겪는 것"에 대해 묘사한 최초의 출판물이라고 해도 틀리지 않을 것이다.

자각은, 설령 그 대상이 자신 안에 존재하는 "작은 악마"였다고 해도, 포에게 큰 도움이 되지는 않았던 것 같다. 『단편소설집』에 대한 연이은 호평으로 윌리 앤 푸트넘 출판사는 포의 시를 한데 모아 포의 두 번째 책을 내기로 결정했다. 이로써 포는 그 출판사의 문학 시리즈를 통해 두 권의 책을 출판한 최초의 작가가 되었다. 잘나가던 포는 1845년 10월에 보스턴 문화회관으로부터 시즌 개막 행사에서 새로운 시를 낭독해 달라는 초청을 받는다. 포는 수락했지만 곧 자신이 시를 쓸 수 없다는 사실을 깨닫게 되었다. 포가 보스턴의 오데온 극장에 마련된 무대에 당도했을 때, 그는 술을 입에도 대지 않았지만, 준비된 시도 여전히 없었다.

무대 위에 오른 포가 입을 열기 훨씬 이전부터 청중들의 인내심은 바닥을 드러내고 있었다. 앞의 강연자가 분명하지 않은 목소리로 웅얼대는 얘기를 이미 두 시간도 넘게 들어야 했기 때문이다. 포가 원래 예고된 시 낭독이 아니라 미국 시에 관한 20분짜리 즉석 강연을 시작하자, 많은 청중들이 자리를 박차고 일어섰다. 끝까지 자리를 지킨 사람들 중에는 훗날 에밀리 디킨슨의 멘토이자 개인 교사가 되는 토마스 웬트워스 히긴슨이 있었는데, 그는 포가 "갑작스럽게 자기가 쓴, 다소 당혹스러운 내용의 시 하나를 낭독해서 청중들을 큰 혼란에 빠뜨렸다"라고 당시를 회상했다. 청중들의 반응은 당연한 것이었다. 포가 조금도 새롭지 않은 시에 의존했기 때문이었다. 그것은 바로 1829년에 그가 쓴, 내용이 모호하고 뒤죽박죽인 시 「알 아라프」였다. 히긴슨은 그 시로 인해 설득되었지만("캠브리지로 다시 돌아간 나와 동료들은 마치 우리가 마법사의 주문에라도 걸린 것이 아닌가 하고 느졌다."), 끝까지 남은 몇 안 되는 사람들은 「갈까마귀」가 낭송되고 나서야 겨우 진정했다. 무대가 막을 내린 뒤 보스턴의 신문들은 포를 호의적으로 다루지 않았고, 그런 감정은 포도 마찬가지였다.

집으로 돌아온 포는 〈브로드웨이 저널〉이 매우 심각한 상태에 처해 있다는 사실을 알게 되었다. 포는 급히 돈을 빌려 50달러에 동업자의 지분을 사들였다. 그러고는 빠른 속도로 보스턴의 청중들을 비아냥거리는 데 신문 지면을 할애하기 시작했다. 설득력이 그다지 있지는 않았지만 포는 그 기사들이 보스턴 기성문단의 바보들을 놀리는 유쾌한 장난이라고 주장했다.

"보스턴 사람들도 나름대로는 잘하고 있다." 포가 조롱하듯 글을 써내려갔다. "그들의 호텔은 형편없고 시도 별로지만, 호박파이는 맛있다."

포는 순전히 염장을 지를 목적으로, 「알 아라프」는 자신이 열 살 때 쓴 작품이라고 덧붙였다. 포는 강연 도중에 무례하게 자리를 박차고 일어난 보스턴의 청중들을 꾸짖는 한편, 자리를 끝까지 지킨 나머지 청중들에 대해서는 어린아이가 쓴 작품에 속아서 "이해하지도 못하면서 그 모든 난해한 구절들에 대해 박수갈채를 보냈다"라고 비웃었다.

자신의 이런 발언에도 불구하고 포는 수주 뒤 서점에 뿌려진 『갈까마귀와 그 밖의 시들The Raven and Other Poems』에 「알 아라프」를 포함시켰다. 서문에 자기비하의 글을 싣는 것이 당시의 규범이기는 했지만, 포의 경우는 이를 훨씬 뛰어넘는 것이었다. 포는 "이 책은 사람들이 읽을 만한 가치가 크지 않다고 생각한다"라고 단호하게 선언했다. 포의 주장은 반은 맞는 얘기였다. 「갈까마귀」와 「불안의 계곡The Valley of Unrest」 같은 시들은 그런 주장과 거리가 멀었지만, 책으로 낼 만한 분량을 확보하기 위해 포는 「타멀레인」과 「알 아라프」 같은 치기 어린 작품들과 「폴리치아노」처럼 실패한 실험작들을 넣었다. 후자의 작품들은 발표 당시부터 포가 보관할 생각을 하지 않았기 때문에 해당 작품들을 구하기 위해 〈서던 리터러리 메신저〉의 도움을 받아야만 했다.

사람들은 점잖게 책의 출간을 지켜보긴 했지만, 내심 포의 어린 시절 작품에 대해서는 당혹감을 감추지 못했다. 언제나처럼 마가렛 풀러가 가장 먼저 포문을 열었다. 그는 "「갈까마귀」 하나만 놓고 보면 그야말로 걸작이 아닐 수 없다. 반면 다른 시들은 아직까지 실현되지 못한 잠재력을 보여준다. 이 책에 있는 작품들은 포가 훨씬 더 나은 시를 쓸 능력을 갖고 있다는 사실을 알려주고 있다"라고 주장했다.

반면에 포의 소설은 승승장구했다. 그의 시에 대한 평론들이 쏟아져나오는 와중에서도 〈아메리칸 리뷰American Review〉가 별로 알려지지 않은, 포의 과학 혹스 소설인 「발데마르 사건의 진실The Facts in the Case of M. Valdemar」을 다루었을 정도였다. 최면에 의해 가사 상태에 빠진 과학자를 세밀하게 묘사한 「발데마르 사건의 진실」은 미국과 영국에서 모두 재판까지 발간되었다. 홍수처럼 밀려드는 시 평론들과 소설의 재판 발간이 포에게는 분명 흐뭇한 일이었지만, 정작 그 자신은 이를 즐길 여유가 없었다. 침몰 직전에 몰려 있는 〈브로드웨이 저널〉 때문이었다.

그것은 잔인한 역설이었다. 포는 〈펜 매거진〉과 〈더 스타일러스〉를 발간하기 위해 수년간 노력한 끝에, 드디어 자신의 언론사를 소유하는 꿈을 이루었다. 하지만 자금과 출간할 책이 부족했던 포는 여기저기 책에서 발췌한 내용들과 자신이 쓴 알려지지 않은 단편들에 필사적으로 매달릴 수밖에 없었다. 당시 〈브로드웨이 저널〉의 사무실을 방문한 젊은 시인 월트 휘트먼은 포가 "매우 친절하고 인간적이지만 우울하고 약간 지쳐" 보였으며, 음악에 관해 휘트먼이 쓴 글을 11월 29일 자 신문에 실을 수 있어서 행복해했다고 말했다. 포는 휘트먼의 글에 대해 쓴 신문 기사에서 "우리는 저자의 견해에 전적으로 동의한다"라고 선언함으로써 이 젊은 작가를 크게 고무시켰다. 휘트먼이 주요 문학계 인사로부터 받은 최초의 호평이었다.

하지만 포에게 무엇보다 절실했던 것은 돈이었다. 포는 겨우 5주일간 대주주로서 신문사를 운영한 뒤 지분의 절반을 다른 동업자에게 팔았다. 포는 휴일 내내 술독에 빠져 지내더니 결국 다음 호 신문의 모든 면을 빈칸으로 내보냈다. 신문 발행인으로서의 삶을 포기한 것과 진배없는 행위였다. 1846년 1월 3일, 포에게 넌덜머리가 난 동업자는 마침내 신문을 폐간한다고 발표하기에 이르렀다.

그날 포는 집에 있었다. 두 권의 책과 한 편의 유명한 시, 그리고 불과 일 년 전에는 전도양양했지만 이제는 만신창이가 된 신문사만이 그에게 남았다. 그는 유명 인사였지만 실직자였고 술주정뱅이였다. 포는 일전에 그에게 날아든 편지에 적혀 있던 암호문(아직도 독자들은 그런 것들로 포를 괴롭히고 있었다.)이 떠올랐다. 편지를 찾은 포는 곧 풀기 어려운 자기 인생의 수수께끼에서 잠시 벗어나 눈앞의 종이에 적힌 수수께끼의 세계로 빠져들었다. 그가 암호문을 풀자 조롱하는 단어들이 포의 앞에 나타났다.

"포도주가 모자란지라, 예수의 어머니가 예수에게 이르되, '저희에게 포도주가 없다' 하니 … ."요한복음 2장 3절

밸런타인데이 선물이 가득 든 자루를 짊어진 배달 소년들이(우체국에서는 이날이 되면 특별히 우편배달부를 100명 정도 더 뽑았다.) 맨해튼 거리를 종종걸음 치며 달려가고 있던 순간, 버지니아 포가 병상에서 일어나 앉은 뒤 조심스럽게 펜을 들어 그녀의 남편에게 보내는 낭만적인 연시를 적어내려가기 시작했다.

영원히 그대와 함께 거닐고 싶어라―

내 사랑, 내 삶은 당신의 것.

집으로 삼을 작은 오두막 하나

그리고 잘 자란 오랜 유홍초메꽃과의 덩굴식물 한 그루면 족하리,

죄와 근심, 구설수로 가득한 세상이

우리를 외면할지라도

사랑만은 우리를 인도하리라―

사랑은 나의 허약한 폐를 치유하리라.

그리고 오, 우리가 누릴 그 고요한 시간들,

더 이상 다른 이가 알아주길 원치 않네!

완벽한 평온이 우리를 맞이하리

심술궂은 세상과 완전히 결별하여—

우리는 어느 때보다 평화롭고 축복받으리.

토요일, 2월 14일, 1846년

그것은 단 하나 남아 있는 그녀의 메모이자, 읽는 이의 가슴이 저릴 정도로 간절하고 다정한 마음이 가득 담긴 시였다. 에드거의 음주와 신문사의 파산과 함께 버지니아의 "허약한 폐"는 계속 악화되어갔다. 에드거가 자신이 아끼는 아내와 숙모를 위해 일구어낸 그의 작은 가족은 이제 서로를 더욱 믿고 의지해나갔다.

그들은 최근 세상의 "구설수" 때문에 고통받기도 했다. 몇 주 전, 역사학자인 엘리자베스 엘렛이 포를 찾아와서는 그녀가 지난날 일방적으로 포에게 보낸 편지들을 후회한다고 말하고 난 뒤부터 그녀의 성미 급한 남동생이 포를 죽여버리겠다고 위협하고 다녔다. 술에 취한 포는 자신의 동료이자 한때 친구였던 토마스 던 잉글리시의 집을 찾아가 자신을 지키는 데 필요하다며 총을 빌려달라고 말했다. 잉글리시가 거절하자 둘은 주먹다짐을 벌였고, 싸움은 도장이 새겨진 반지를 낀 주먹으로 포의 얼굴을 강타한 잉글리시의 승리로 끝났다. 사람들이 간신히 둘을 떼어놓았을 때, 얼굴이 피투성이가 된 포가 식식대며 말했다.

"누구도 저 자식 건드리지 마. 내가 꼭 다시 손볼 거니까."

포가 총을 못 구한 건 다행이었다. 비록 취하긴 했지만 포는 그 세대에서는 드물게 문인으로서 군대 훈련을 받은 몇 안 되는 사람 중 하나였기 때문이다. 하지만 이 모든 소동 때문에 포는 그해 밸런타인데이에 열린 문학 살롱 행사에 초청받지 못했다. 포는 버지니아와 함께 "죄와 근심으로 가득한 세상"이 되어버린 도심 지역을 하루빨리 벗어날 수 있기를 기도했다. 마리아 숙모는 볼티모어에 자그마한 땅을 갖고 있었지만, 세금을 낼 날짜를 넘긴 지 오래되어 시 당국에 압류되어버렸다. 그 때문에 돈도 없고 주변의 호의도 구할 수 없었던 포의 식구들은 그해 5월, 생기라곤 찾아보기 힘든 브롱크스 인근의 포드햄으로 이사를 갔다.

그들의 새로운 이웃들 주변에는 문학과 관련된 것이라곤 일절 없었다. 최근에 그 지역을 가장 널리 알리게 한 행사도 겨우 밭 갈기 대회였다. 한 방문객에 따르면 포의 집에 이르는 진입로는 이런 지역적 특성에 어울리게 "과일나무들로 반은 파묻혀" 있었다. 그의 집을 찾은 적이 있는 작가 메리 고브 니콜스는 잔디로 덮인 완만한 구릉지에 자리 잡은 조그만 농가를 볼 수 있었는데, 집 주위의 체리나무들에는 새들이 가득 날아들고, 에드거는 집 밖에서 갓 잡은 쌀먹이새_{참새목 찌르레기과에 속하는 새}를 훈련시키고 있었다.

"포는 다시 새를 새장 속에 집어넣었습니다. 새장은 체리나무 가지에 박아놓은 못에 매달려 있었어요. 이 가여운 새는 새장 속에서 살기에는 전혀 어울리지 않았죠. 자신의 주인이 이 세상에서 살기에 어울리지 않는 것처럼 말이죠."

하지만 포는 견디기 어려웠던 도시 생활의 고단함을 뒤로하고, 훗날 포드햄 대학이 되는 세인트존스 칼리지로 이어지는 긴 산책 길과 숲들을 한가롭게 거닐며 전원생활을 즐기고 있었다. 포가 도시 생활과 더 넓은 집을 맞바꾸지 않았다는 점은 분명했다. 그의 집은 많은 식구 수에 비해 방이 세 개밖에 되지 않았고, 게다가 위층 침실은 처마 밑에 옹색하게 자리 잡은 비좁은 곳이었다. 물론 부엌과 거실도 각각 한 개뿐이었다. 메리 고브 니콜스는 물 치료법에서 자유연애에 이르기까지 모든 분야에서 개혁주의적 주장을 부르짖은 인물로, 방금 중서부 지방에 있는 푸리에주의자_{농업공동체에 기반을 둔 사회 건설}을 주장한 프랑스의 사회 이론가 푸리에의 사상을 따르는 사람들의 농업공동체 방문을 마치고 돌아온 그녀의 눈에 비친 포의 집은 단순함 그 자체였고, 그녀 같은 이상주의자가 보기에도 너무 검소하고 엄격했다.

"매우 깔끔했지만 무척 형편이 어려워 보였고, 가구라고는 찾아보기 힘든 집이었어요. 하지만 여태까지 보지 못했던 아주 매력적인 집이기도 했어요." 니콜스가 당시를 회상했다. "거실 바닥은 체크무늬 매트가 깔려 있었어요. 그리고 의자 네 개와 스탠드 조명 한 개, 그리고 벽걸이 책장 한 개가 가구의 전부였습니다. 그 작은 책장에는 예쁜 증정본 책들이 꽂혀 있었는데, 가장 좋은 자리에는 브라우닝의 책들이 자리하고 있었죠."

포는 글을 쓸 때면 그가 자주 밖을 바라보곤 했던 두 개의 창들 사이에 놓인 책상을 이용했다. 그때마다 포의 애묘 캐터리나는 그의 어깨 위로 뛰어올라가 자리를 잡고 주인의 글 쓰는 모습을 지켜보았다.

포가 바깥세상과 완전히 단절된 것은 아니었다. 『단편소설집』과 『갈까마귀와 그 밖의 시들』은 거의 발간과 동시에 런던에서 해적판들이 나타났고, 그의 작품에 대한 해외의 비평들도 활발히 이루어지고 있었다. 하지만 그해 봄에 일어난 포의 가장 주목할 만한 세상과의 교류는 바로 〈그레이엄스 매거진〉에 게재한 「작문의 철학*The Philosophy of Composition*」이었다. 포는 이 수필에서 자신이 끈질긴 논리적 사고를 통해 「갈까마귀」를 썼으며, 이런 사고 과정을 이해하면 위대한 시를 쓰고자 하는 사람들이 필연적으로 「갈까마귀」 같은 작품을 어떻게 쓰게 되는지를 잘 알 수 있다고 주장했다.

「작문의 철학」이 포의 문학비평에 터 잡고 있는 것은 분명하지만 그것의 탄생에는 쉽사리 감지하기 어려운, 보다 미묘한 기원들이 존재했다. 바로 그의 암호문 해독 칼럼과 추리소설, 그리고 필연적인 결론을 도출하기 위해 펼쳐 보이는 화려한 논리적 제거와 연역의 세계였다. 「작문의 철학」에 따르면, 시인의 주제는 당연히 아름다움과 죽음이 한데 뒤섞인 것이고("그렇다면 아름다운 여인의 죽음이야말로 의심의 여지없이 이 세상에서 가장 시적인 주제라 할 것이다."), 가장 이상적인 시의 길이는 100행 정도이며("정확히는 108행이다."), 시인의 후렴구는 오직 "두 번 다시는 없어"뿐이었다.(사실 그것은 첫 번째로 사용된 후렴구였다.) 비록 포가 시를 쓰기 위한 논리적인 공식이라면서 펼친 가늠하기 어려운 주장이어서 겨우 혹스 소설 정도의 믿음밖에 없다 해도, 그의 수필에는 지금까지도 여전히 경탄을 금치 못할 내용들이 많다. "효과의 통일"을 위해 결론부터 거꾸로 써나간다는 개념을 잘 요약해서 보여주었고, "모든 문학작품에 내재하는 길이의 제한, 즉 한 번에 읽을 수 있는 길이"의 범위 내에서 최대한 간결하게 시를 써야 한다는 개념을 제시한 것이 그 대표적인 예이다.

　그해 봄, 「작문의 철학」을 언급한 사람들은 별로 없었지만, 포가 더 이상 시내에서 살지 않는다는 사실은 많은 사람들에게 회자되었다. 신문을 통해 그가 유티카_{미국 뉴욕 주 중부에 있는 도시}에 있는 정신병원에 수용되었다는 소문이 퍼지기도 했다. 물론 사실이 아니었다. 하지만 얼마 뒤 〈고디스 매거진Godey's Magazine〉은 앞으로 포가 뉴욕 시의 문학계 인사들에 대한 인물평을 시리즈로 연재할 계획이라고 발표함으로써 다시 한 번 포에 대한 사람들의 호기심을 부채질했다. 뉴욕의 작가와 편집자들에 대해 당황스러울 만큼 솔직하게 묘사한 1846년 5월호 〈고디스 매거진〉은 순식간에 매진되었다. 언제나처럼 칭찬과 날선 비판이 공존하는 포의 인물 묘사는 사람들을 깜짝 놀라게 만들었다. 포는 자신의 옛 동업자인 찰스 브리그스를 "싫어할 만한 인물은 아니지만, 사람을 짜증나고 화가 나게 만드는 경향"이 있으며 "프랑스어를 실제보다 잘 아는 척한다"라고 언급했다. 또한 여행 작가인 윌리엄 길레스피에 대해서는 "불규칙하게 산책을 하며, 중얼중얼 혼잣말을 한다"라고 썼으며, N. P. 윌리스에 대해서는 "그의 얼굴은 좀 지나치게 통통하고 무거워 보인다 … 그의 코나 이마에 대해서도 좋은 말을 하기는 어렵다"라고 했다.
　참고로 말하자면, 윌리스는 포의 친구였다.

포는 거부하기 어려운 유혹에 빠져 있었다. 비록 인물평을 통해 오래된 원한을 풀고자 하는 의도가 없었다고는 못하겠지만, 그가 쓴 요령 없는 인물 묘사의 대부분은 골상학에 대한 믿음에서 비롯되었기 때문이다. 포가 나약해 보이는 얼굴과 별난 매너리즘을 가진 사람들을 임상학적으로 묘사한 것도 같은 이유에서였다. 포에게 그것은 과학에 근거를 둔 묘사였던 것이다. 하지만 그것은 다른 어떤 사람에게는 감당하기 어려운 모욕이었다. 포의 인물 묘사는, 그에게 호의적인 한 신문 편집인이 경고한 바와 같이 "끔찍할 정도로 정직"했다. 그해 여름의 끝이 보일 무렵, 포의 인물평 시리즈는 그의 스파링 파트너였던 토마스 던 잉글리시를 다뤘다. 포에게 마음이 상한 잉글리시는 이전에 그들 사이의 싸움이 있었다는 사실과 포의 알코올중독 문제를 여러 신문사에 폭로했다. 나아가 잉글리시는 "이 도시의 사업가들은 포가 표절죄를 범하고 있다는 사실을 잘 알고 있다"라고 주장했다. 잉글리시의 비난에 격노한 포는 즉시 그를 명예훼손으로 고소했다.

문제가 점점 감당할 수 없는 지경으로 치닫고 있는 게 분명했다. 남부 출신의 동료 작가, 윌리엄 길모어 심스가 포에게 간절히 호소했다.

"무척 하기 어려운 얘기지만 친구라는 특권에 기대어 솔직하게 말씀드리겠습니다. 지금 당신은 작가 경력을 통틀어서 가장 위험한 시기에 직면해 있습니다."

시리즈는 10월에 중단되었지만 피해는 되돌릴 수 없었다. 토마스 던 잉글리시가 한 편의 소설을 썼는데, 그 주인공이 술주정뱅이에 가난뱅이 비평가이자 「검은 까마귀 *The Black Crow*」를 쓴 작가 "마마듀크 헤머헤드Marmaduke Hammerhead"여서, 누가 봐도 포를 풍자하는 것이 명백했다.

> "너 … 너 … 너는 내가 쓴 로 … 로 … 롱펠로우에 대한 비평을 읽어봤어?"
> "아니!" 질문을 받은, 침착하고 냉철해 보이는 인물이 대답했다. "아마 그건 아주 가혹할 게 분명해. 나는 절대 보지 않을 거야."
> "이런," 해머헤드가 말했다, "그럼 너는 크 … 크 … 큰 즐거움을 놓치는 거야. 바보 멍청이!"

둘 사이의 다툼 때문에 생긴 좋은 점을 굳이 찾자면, 아마도 1846년 11월에 〈고디스 매거진〉에 발표된 「아몬틸라도의 술통 *The Cask of Amontillado*」일 것이다. 포가 복수의 의도로 쓴 글임을 은근하게 드러내고 있는 「아몬틸라도의 술통」은 반심리학_{자신이 원하는 것과 반대의 생각이나 행동을 옹호함으로써 상대방을 자신이 원하는 방향으로 생각하거나 행동하게 만드는 기술}과 반어적인 대화로 점철되어 있는 블랙 유머 계통의 걸작이다. 살인자 겸 소설 속 화자인 주인공은 자꾸만 되돌아가야 한다고 얘기하면서 교묘하게 살인의 희생자를 위험한 지하 묘지 깊숙한 곳까지 끌어들인다. 포가 쓴 대부분의 다른 고딕소설들과 마찬가지로 이 소설도 언제 그리고 어디를 배경으로 쓰인 것인지 불명확하며, 화자에게 모든 초점이 맞추어져 있다. 결코 제정신으로는 할 수 없는 끔찍한 살인 행위를 당혹스러울 만큼 멀쩡한 목소리로 상세히 설명하고 있는 이 소설을, 단순히 잘 쓴 한 편의 선정주의적 소설에 그치지 않게 만드는 열쇠는 바로 자비를 비는 희생자의 간절한 몸부림(처음에는 애원하다가 그것이 안 통하자 미쳐 날뛰고, 그것도 소용이 없자 불안에 떨다가 침묵에 빠지는)이다. 소설의 말미에서 화자는 거의 눈치채기 어려울 정도로 자신이 후회하고 있다는 암시를 남기지만, 이런 희미한 양심의 흔적은 오히려 "끔찍한 범행을 저지른 뒤에 겨우 그 정도라니!" 하는 충격적인 느낌으로 다가온다. 포의 소설에는 도덕이라는 것이 존재할 수 없었다. 그에게 있어서 후회란 애초부터 계획에 없었기 때문이다.

포의 중단된 인물평 시리즈 대신에 실린 「아몬틸라도의 술통」은 모욕감을 느낄 정도로 솔직한 인물 스케치 몇 편 더 쓰는 것보다 훨씬 더 포의 명성을 높이는 데 도움이 되었다. 하지만 포는 계속해서 소설을 쓰는 대신, 남은 1846년도의 시간을 대부분 병마와 싸우면서 『미국 문학 : 작가들의 장점과 단점에 대한 정직한 의견과 그들의 개인적인 특성에 관한 단상들*Literary America : Some Honest Opinion about our Authorial Merits and Demerits with Occasional Words of Personality*』이라고 이름 붙인 인물평 책을 발간하는 계획에 온 힘을 쏟아부었다.

"나는 인물평 시리즈를 미국 문단 전반으로 확대해서 책으로, 그것도 내 손으로 책을 낸다면 대박을 칠 수 있다고 보네. 돈도 벌 수 있고 명성도 얻을 걸세." 포가 한 친구에게 설명했다. "나는 지금 거기에 혼신의 힘을 기울이고 있네."

하지만 그것은 가망 없는 계획이었다. 포는 이미 책을 인쇄할 자금이 없었고, 다른 출판업자들도 미치지 않은 이상 같은 도시에 사는 동료의 절반을 적으로 돌릴 게 확실한 책을 내려고 하지 않을 것이기 때문이었다. 그해 12월, 방문객들이 포의 농가를 찾았을 때, 포의 식구들은 돈 한 푼 없이 추위와 병마에 시달리고 있었다.

그리고 그들 중 한 사람에게는 삶 자체가 끝나가고 있었다.

그해 크리스마스 시즌에도 여느 때처럼 가난한 사람들을 위한 구호의 목소리가 도시 곳곳에서 울려 퍼지는 가운데, 뉴욕의 〈모닝 익스프레스Morning Express〉 12월 15일 자에 실린 한 편의 호소문이 사람들을 깜짝 놀라게 만들었다.

에드거 앨런 포가 병에 걸리다 — 유감스럽게도 우리가 잘 아는 이 유명 작가와 그의 아내 모두 폐결핵 때문에 위중한 상태로, 지금 그들의 삶 위에 불행의 그늘이 짙게 드리워져 있다. 더욱 안타까운 일은 형편이 너무 어려워 그들이 생활필수품조차 거의 구하지 못하고 있다는 점이다.

호소문의 내용은 이를 옮겨 실은 다른 신문들에 의해 전국 각지로 빠르게 퍼져나갔다.

"오 위대한 신이시여!" 〈보스터니안Bostonian〉은 크리스마스이브 사설에서 호소했다. "미국 문학계가 이 가여운 포를 뉴욕에서 기아와 극심한 가난으로 죽어가게 내버려둔다면 말이 되겠습니까?"

몇몇 편집인들은 포를 위한 모금에 앞장섰다. 포는 비록 큰 규모는 아니지만 그동안 절실했던 돈이 모금으로 들어오게 된 것을 감사하게 여겼다. 하지만 갑자기 자신에게 쏟아지는 관심은 몹시 당황스러웠다.

"내 아내가 아픈 것은 사실입니다." 그는 N. P. 윌리스에게 자신이 처한 상황을 인정했다. 하지만 포의 경우에는 그 전해에 입증되었듯이 음주벽이 훨씬 더 재앙적인 질병이었다. "저는 오랫동안 매우 위중한 병을 앓았는데, 저의 이런 병은 언론계에 있는 제 동료들 사이에서는 잘 알려진 것입니다. 그동안 제가 수많은 개인들과 작품들을 모욕하기 위해 썼던 글들이 그 증거입니다. 최근에는 그것 때문에 제가 공격당하고 있기도 하죠. 그렇지만 이 문제는 치유될 것입니다 … 저는 점점 나아지고 있습니다."

포는 실제로 술을 입에 대지 않고 그의 『미국 문학』 책을 발간할 계획에 전념했다. 그렇지만 그의 작은 오두막집 옆방에는 신문들이 사설에서 주장한 것보다 어쩌면 더 위중한 상태일지 모를 버지니아 포가 항상 병상에 누워 신음하고 있었다. 한 방문객에 따르면 그들은 버지니아를 추위로부터 보호하는 데 어려움을 겪고 있었다. 에드거가 그녀의 손을, 또 마리아 숙모가 그녀의 발을 손으로 감싸고 계속 비벼대는 게 전부였다. 그녀의 머리맡에는 얇은 담요 한 장(에드거의 오래된 군대 외투)만이 덩그렇게 놓여 있었고, 그 옆에는 고양이 캐터리나가 그녀를 지키듯 고요하게 앉아 있었다. 친구들이 보내준 담요와 베개 등이 곧 도착했지만 버지니아의 병세는 호전될 기미가 전혀 보이지 않았다. 1847년 1월 하순, 그들의 친구들과 간호사 마리 루이스 쇼우는 마리아 숙모로부터 불길한 연락을 받는다.

"우리 집으로 … 오! 우리 집에 꼭 와주세요, 내일!"

이제 스물네 살인 버지니아는 긴 고통의 시간이 끝나기 직전에 잠시 찾아온 마지막 생기에 기대어 자신의 몸을 의자에 지탱한 채 마리 간호사에게 고민을 털어놓았다. 그녀는 자신이 떠난 뒤 홀로 남겨질 에드거에 대해 크게 걱정하고 있었다. 버지니아가 남편과 마리의 손을 함께 모아 자신의 손안에서 힘껏 잡았다.

"마리, 에디에드거 앨런 포의 애칭의 친구가 돼서, 항상 그의 곁에 있어주세요. 그는 언제나 당신을 사랑했어요. 그렇지 않나요, 에디?"

다음 날 버지니아는 세상을 떠났다. 그들의 처지에 안타까움을 느낀 집주인은 그녀가 극빈자 묘지에 묻히지 않도록 자신의 가족 묘지에 있는 땅을 제공하겠다고 제안했다. 극심한 가난에 시달리고 있던 포의 가족들은 그의 호의를 받아들였다.

버지니아가 묘지에 묻히는 순간, 포 역시 절망의 무덤에 빠졌다. 최근에 회복의 기미를 보이던 그의 건강도 다시 망가져갔다.

"그녀가 죽은 뒤로," 포의 지인이 당시를 회상했다. "포는 마치 자신에게 남은 시간이 한 시간 혹은 하룻밤에 없어도 상관없는 사람처럼 보였습니다. 그녀는 그에게 세상의 전부였습니다."

어느 날 포가 갑자기 의식을 잃고 병원에 실려갔다. 의식을 회복한 포는 간호사에게 오래전에 죽은 자신의 형, 헨리에 대해 열에 들뜬 목소리로 말했다.

"그는 내게 끊임없이 과거에 대해 얘기를 했어요." 그녀가 기억을 더듬으며 말했다. "그러고는 자기 대신 소설을 써달라고 부탁했어요. 그가 말하기를 탐욕스러운 출판업자들에게 약속한 게 있기 때문이라고 했어요."

그러나 그해 봄, 자신을 괴롭히던 육신의 병과 우울증을 점차 떨치고 일어선 포는 앞날이 생각보다 어둡지 않다는 것을 알았다. 그동안 병 때문에 재판에 참석하지 못했음에도 불구하고 명예훼손 소송은 포에게 압도적으로 유리하게 전개되었고, 결국 그에게 200달러를 안겨주었다. 루퍼스 그리스월드도 썩 내키지는 않았지만 새롭게 발간한 그의 책 『미국의 산문작가들 *Prose Writers of America*』에서 포의 작품들을 인정했다. 특히 그는 「모르그 가의 살인 사건」에 대해 "절묘한 분석력은 포만이 가진 특징"이라고 높이 평가했다. 그뿐만이 아니었다. 「모르그 가의 살인 사건」은 파리에서 최고의 작품만이 누릴 수 있는 평가를 받았다. 프랑스어로 번역된 「모르그 가의 살인 사건」은 처음에는 한 프랑스인이 자신의 작품이라고 선전했다. 소설의 진짜 작가(누가 봐도 파리 사람이 쓴 것처럼 보이는 미스터리를 쓴 미국 사람!)가 밝혀졌을 때, 현지에서 포의 명성은 아마도 그의 모국에서보다 더 높다고 해도 과언이 아닐 정도로 높이 올라갔다.

"국내에서 포는 아무것도 모르면서 펜을 함부로 놀려대는 삼류 문인들 때문에 많은 괴로움을 겪었습니다." 그의 편집인이었던 에버트 다익킹크가 중얼거리듯 말했다. "외국에서 포가 누린 지위를 생각하면 이런 대접은 실로 아이러니가 아닐 수 없습니다. 외국과 떨어져 있는 거리는 단지 포를 직접 눈으로 보기 어렵다는 점 외에는 아무런 문제가 없습니다."

그해 6월에 다익킹크가 차를 함께 마시기 위해 방문했을 때, 포는 한결 건강해진 모습으로 집 밖에 나와 "신선한 공기"를 만끽하고 있었다. 집 안 바닥에는 새 양탄자가 깔려 있었다. 테이블에는 마리아 숙모가 골랐음이 분명한 아름다운 테이블보가 펼쳐져 있었는데, 그 위에는 은도금 커피 주전자가 이제 방금 구입한 것임을 증명이라도 하듯 반짝반짝 빛나고 있었다. 모두가 명예훼손 소송이 낳은 기분 좋은 전리품들이었다.

하지만 포가 새로운 글을 쓸 수 있을 정도로 완전히 회복된 것은 아니었다. 그해 포가 쓴 글들은 주로 오래전에 써둔 작품을 다시 손보거나, 거의 아무것도 할 수 없을 만큼 슬픔을 토로하는 것뿐이었다. 예를 들어 그가 1847년에 쓴 대표적인 시 「울라루메 *Ulalume*」는 죽은 자를 기리는 울부짖음에 다름 아니었으며, 시적 효과는 모호했다. 사실 「울라루메」는 포의 가장 대담한 시적 시도를 보여주는 작품으로, 끊임없는 반복(「갈까마귀」처럼 한 단어를 계속해서 반복하는 것이 아니라, 마치 병상에서 내는 신음 같은 문장들을 행이 바뀔 때마다 조금씩 바꾸어 반복한다.)을 통해 사람을 불안하게 만드는 효과를 노렸다.

하늘은 잿빛으로 무겁게 가라앉아 있다.

잎들은 바삭거리며 시들어가고 있다.

잎들은 비썩 말라 시들어가고 있다.

내 가장 아득한 해, 외로운 시월의

어느 밤이었다….

포가 「울라루메」의 초고를 완성한 것은 한 해 전이었는데, 최초로 읽어본 친구들과 지인들은 그 시를 어떻게 받아들여야 할지 몰라서 당혹스러워했다.

포는 1847년에 한 편의 중요한 소설을 썼는데, 그것도 자신이 1842년에 쓴 작품에 새로운 내용을 약간 덧붙이고 제목을 바꾼 것이었다. 그렇지만 「아른하임의 영역 *The Domain of Arnheim*」은 그런 탄생 과정이 무색할 정도로 사람의 마음을 뭉클하게 만드는 단편소설이다. 100년간 복리로 불어난, 믿을 수 없을 정도로 거대한 유산을 받게 된 상속자라는 개념에서 출발하고 있는 이 소설에서, 가난에 찌든 포는 사람들을 향해 이렇게 신랄한 질문을 던지고 있다. 비록 당신이 이 세상에 존재하는 가장 부유한 사람일지라도, 당신은 어떻게 행복을 찾을 수 있을 것인가? 포가 1842년에 썼던 소설에서는, 상속인이 거의 에덴동산과 같은 은신처를 마련하고 그곳을 아름답게 꾸미는 것으로 자신의 행복을 찾았다. 하지만 「아른하임의 영역」에서는 새로 덧붙여진 마지막 장면을 통해 완성된 천국으로 들어가는 배를 묘사하고 있다.

황홀한 선율이 사방에서 솟구친다. 기묘하게 달콤한 향기가 우리를 감싼다. 키가 크고 날렵한 동부 유럽산 나무들 앞에 몽환적인 어우러짐이 펼쳐져 있다. ─ 무성한 관목들 ─ 무리 지어 놀고 있는 황금빛, 진홍빛 새들 ─ 백합이 주위를 에워싸고 있는 호수 ─ 바이올렛, 튤립, 양귀비, 히아신스, 그리고 달맞이꽃들이 흐드러지게 피어 있는 목초지 ─ 아름답게 흐르는 길고 긴 은빛 개울들 ─ 그리고, 갑자기 눈앞에 솟아오른 반*고딕 풍과 반*사라센 풍의 건물들, 수많은 오리엘건물에서 벽 밖으로 쑥 튀어나오게 지어놓은 부분과 크고 작은 첨탑들을 뽐내며 붉은 태양빛 아래 반짝거린다. 마치 수많은 요정과 정령들이 힘을 합쳐 남몰래 빚어놓은 작품 같다.

그것은 사후 세계를 염원하며 슬픔에 잠겨 있는 한 남자의 절절한 아픔을 담고 있었다. 포 또한 개인적인 자리에서 이 소설이 자기 영혼의 많은 부분을 표현하고 있다고 인정했다.

천국에 대한 포의 생각이 정확히 성경에 입각한 것은 아니다. 포는 교회에서 큰 위안을 찾을 수 없다고 생각한 사람이기 때문이다.

"포는 성경이란 모두 장황한 얘기일 뿐이라고 말했습니다."

포와 〈브로드웨이 저널〉에서 같이 일했던 한 동료가 다시 생각해도 화가 난다는 듯 상기된 목소리로 말했다.

1847년이 저물고 새해가 시작되면서, 늦은 밤 자신의 오두막집 현관에 서서 차가운 겨울 하늘 아래 보석처럼 빛나고 있는 별들을 응시하는 포의 모습이 자주 목격되기 시작했다. 포는 '천국'이 아닌 '하늘'의 의미가 무엇인지를 골똘히 생각하고 있었다. 커피를 한 모금 크게 들이킨 포는 외로움을 떨쳐버리기 위해 참을성 많은 숙모를 밤 늦게까지 옆에 앉혀놓은 채 자신의 생각을 종이에 적어나갔다.

"그는 혼자 있는 것을 매우 싫어했어요." 뒤에 그녀가 당시를 이렇게 회상했다. "나는 밤늦게까지 그와 벗하며 옆에 있었어요. 종종 새벽 4시까지 그렇게 했어요. 그는 책상에 앉아 글을 썼고, 나는 의자에 앉아 꾸벅꾸벅 졸았죠. 「유레카*Eureka: A Prose Poem*」를 쓰고 있을 때, 그는 내 팔짱을 끼고서는 내가 지쳐서 더 이상 걸을 수 없을 때까지 집 주위를 산책하곤 했어요. 그럴 때면 포는 몇 분마다 멈춰 서서는 자신의 생각을 내게 설명한 뒤 이해했는지 물어보곤 했죠."

그녀는 포의 생각에 당혹스러워했던 것 같지만, 그는 어느 때보다도 확신에 넘쳐 있었다.

"내가 제기하는 내용이 (때가 되면) 물리학과 형이상학의 세계를 혁명적으로 변화시킬 것이네." 포는 그해 2월에 한 친구에게 쓴 편지에서 이렇게 선언했다. "크게 떠벌리고 싶지는 않지만, 그것만은 분명하게 애기할 수 있네."

두 번 다시는 없어

Nevermore

1848년 2월 3일 자 〈뉴욕 트리뷴〉의 광고란에 놀라운 소식 하나가 올라왔다. "한 휘그계개인의 자유를 중시하고 반권위주의적인 견해를 가진 정치집단 신문사를 매물로 내놓는다"는 광고와 "최면술, 몽유병, 예지력, 그리고 환각에 관한 강연"을 알리는 광고 사이에 끼어 있던 소식은 다음과 같았다.

☞ 목요일 저녁 7시 반, 소사이어티 도서관 3층에서
에드거 앨런 포가 "우주"에 관해 강연을 함.
입장권은 50센트로, 입구에서 구입할 수 있음

힘없고 가난했던 포가 〈뉴욕 트리뷴〉에 간신히 실을 수 있었던 단 세 줄짜리 광고였다. 지면을 맞추기 위해 마지막 줄의 마침표는 잘려나갔다.

호기심이 동한 독자들이 브로드웨이와 레너드가의 모서리에 있는 건물로 모여들었다. 그들은 이오니아 식의 웅장한 기둥들이 위용을 뽐내고 있는 소사이어티 도서관 안으로 걸어 들어가 여러 강의실을 잠시 두리번거리다가 그중 한 곳으로 입장했다. 모여든 독자 중에는 오랫동안 포와 같이 일했던 편집인 에버트 다익킹크와 한 무리의 신문기자들이 섞여 있었다. 하지만 더 눈에 띄었던 것은 오지 않은 사람들이었다. 강연을 들으러 온 사람은 겨우 60명에 불과했고, 대부분의 좌석은 비어 있었던 것이다.

드디어 비썩 마르고 안색이 창백한 에드거 앨런 포가 무대에 올랐다. 그는 여느 때처럼 빈틈없이 단추를 채운, 몸에 딱 붙는 검정 외투를 입고 있었다. 그는 청중들에게 그날 밤 자신의 강의 주제는 제목 그 자체, 즉 별들과 행성들, 중력과 전기, 그리고 우주의 시작과 종말에 관한 것이라고 선언했다. 포는 시속 300마일로 기차가 달리고, 비행선과 "물에 뜨는 전선"이 존재하는 미래의 시간, 서기 2848년에서 온 편지를 낭송하면서 익살스러운 풍자로 강의를 시작했다. 그러고는 아무도 예상하지 못한 순간에 화제를 우주론으로 바꿔서 강의를 이어나갔다. 밖에서는 비가 맹렬하게 퍼부어댔고, 시계도 어느덧 밤 9시를 가리키자 청중들은 앉은 자리에서 불편한 듯 몸을 이리저리 비틀어대기 시작했다. 하지만 포는 조금도 기세를 누그러트리지 않고 중력과 성운설에 관한 자신의 생각을 계속해서 열정적으로 설파했다.

"그 순간 이후부터는 모든 시간들이 중력이라고 부르는, 그의 강의에서 가장 도드라져 보인 존재에 의해 점령당한 것처럼 보였습니다." 한 참석자가 이렇게 회상했다. "마음이 점점 무거워졌습니다.

강의의 끝은 보이지 않았어요. 손에 말쑥한 원고를 든 한두 사람이 자리를 뜨기 시작했고, 점점 더 그 숫자가 늘어나긴 했지만 분명히 훨씬 더 많은 사람들이 계속 자리를 지켰습니다."

마침내 강의를 끝낸 포가 자신이 열망하고 있던 〈더 스타일러스〉의 발간을 위한 모금 얘기를 꺼낸 것은 거의 밤 10시가 다 되어서였다. 하지만 청중들은 쏜살같이 강연장을 빠져나갔고, 포는 목표로 했던 100달러를 모금하는 데 실패했다.

"지각 있는 강사라면 결코 해서는 안 될 일이지." 포가 벌인 일에 질린 다익킹크가 동생에게 이렇게 편지를 썼다. "그는 사람들로 하여금 기부금을 내게 만들기는커녕 오히려 그들을 강의실로부터 몰아냈어."

신문들도 대부분 다익킹크처럼 당황을 금치 못하거나 경멸감을 나타냈다. 그날 밤 강연에 대해서 가장 길고 호의적으로 보도한 기사 내용은 유감스럽게도 나쁜 날씨 때문에 사람들이 많이 오지 않았다는 내용이었다. 하지만 그것은 자비로운 해석이었다. 같은 날 밤, 뉴욕의 파크 극장에서는 입추의 여지없이 가득 들어찬 관객 앞에서 연극 공연이 이루어졌기 때문이다.

비난을 받을 사람은 전적으로 포였다. 소사이어티 도서관은 최면술사로부터 스웨덴보리주의자(영계靈界와 인간의 교류를 믿은 신비 철학자인 스웨덴보리의 사상을 따르는 사람들)에 이르기까지 사람을 가리지 않고 누구에게나 관대한 곳으로 유명했다. 그래서 그다음 주에도 소사이어티 도서관은 스피네토라는 남자가 기른 "훈련된 카나리아"를 전시할 수 있도록 허락했다. 하지만 포는 강연에서 소개할 신작이 하나도 없었다. 2848년에서 온 편지는 그가 새로 초안을 완성한 단편소설 「멜론타 타우타*Mellonta Tauta*」에서 인용한 것이지만, 포는 그 사실을 언급하지 않았다. 게다가 그는 자신의 전문 영역을 벗어난 주제에 대해 강연을 했다. 또한 포는 모금 홍보를 위해 마지막 순간까지 시간을 끌었는데, 사실 그 때문에 신문에 광고를 낸 건 아니었다. 사실 뉴욕 시민의 입장에서는 똑같은 50센트의 입장료로 그날 밤 존 밴버드_{거대한 캔버스에 풍경을 파노라마처럼 그리는 미국의 유명 화가}의 "3마일짜리 그림" 전시회에 갈 수도 있었다. 또 절반의 입장료로 크리스티 악단_{미국의 E. P. 크리스티가 만든 민스트럴 쇼(Minstrel Show, 흑인 흉내 쇼) 공연 팀}이 공연하는 "검은 나폴레옹들" 쇼를 볼 수도 있었다. 더 중요한 것은 그들이 하룻밤만 더 기다리면 최근에 발견된 해왕성에 관한 얘기를 진짜 천문학자로부터 들을 수 있었다는 사실이다.

하지만 포는 여전히 자신의 강연에 대한 확신을 갖고 있었다. 그는 출판업자인 조지 푸트넘과 약속을 한 뒤 그를 찾아갔다. 푸트넘과 마주 앉은 포는 꼬박 1분 동안 아무 말도 하지 않고 가만히 그를 응시했다.

"저는 포라고 합니다." 포가 마침내 입을 열었다. 푸트넘은 괴짜 작가들을 상대하는 데 이골이 난 사람이었고, 포가 누구인지도 너무나 잘 알고 있었다.

"어떻게 말을 꺼내야 할지," 포가 계속 말을 이어갔다. "잘 모르겠습니다. 아주 중요한 문제라서 말입니다."

포는 감정이 복받치는 듯 몸을 부르르 떨었다. 푸트넘은 그 이유를 다음과 같이 설명했다. "그가 제안한 출판은 엄청나게 흥미로운 것이었습니다 … 초판은 5천 부를 찍으면 적당할 것 같았습니다. 사실 조금 더 찍어도 충분하지만 말입니다. 인류 역사에 있어서 어떤 과학적인 사건도 이 책에 담긴 내용만큼 중요한 것은 없었습니다. 이 모든 것은 절대로 빈정거리거나 농담으로 하는 얘기가 아닙니다. 저는 그 어느 때보다 진심입니다."

포는 산문시인 「유레카」를 출판하는 데 동의했다. 하지만 1848년에 나온 초판의 부수는 푸트넘의 호언장담대로 5천 부가 아니라 5백 부에 불과했다. 책을 구입한 몇 안 되는 독자들은 책의 첫 장부터 아주 특이할 뿐 아니라 당혹스럽기까지 한 주장에 직면했다. 포는 이렇게 주장했다.

"내가 이 책을 통해 얘기하고 싶은 것은 물질적이고 영적인 우주에 관한 물리학적, 형이상학적, 수학적 설명이다. 아울러 우주의 존재 증거, 그리고 그것의 기원과 창조, 현재 상태 및 미래에 대해 들려주는 것이 이 책의 목적이다."

뒤이어 나오는 내용들을 보면 왜 그의 강연에 모였던 청중들이 그렇게 혼란스러워했는지 분명하게 알 수 있다. 그는 장이나 절의 구분도 없이 써내려간 143쪽 분량의 이 산문시에서 우주는 무의 상태로부터 생겨났으며, "원시 입자"가 확장되어 만들어진 것이라는 주장을 폈다. 그리고 창조의 이런 과정은 끌어당기는 힘(중력)과 밀어내는 힘(전기)을 수반하고 있다고 설명했다. 끌어당기는 힘의 작용을 통해 우주는 자기 붕괴와 결합의 과정을 반복하며 궁극적으로 최초의 통일체가 출현하게 된다. 이 통일체 내에 체화되어 있는 신의 존재는 스스로 모습을 드러내는 경우를 제외하고는 인간으로서는 알 수 없다. 포의 이런 설명은 초월론현실 세계의 유한성을 부정하고 인간의 감각으로는 파악할 수 없는 초월적인 세계가 실제로 존재하고 있다고 믿는 사상을 비판하기 좋아하는 사람들에게는 마치 에머슨초월론을 주장한 미국의 대표적인 철학자 추종자가 하는 얘기처럼 들렸다.

하지만 포는 여기서 한걸음 더 나아갔다. 그의 질문은, 자기만의 고유한 신을 구현하도록 팽창과 수축 과정이 계속해서 반복된다면 무슨 일이 벌어지는 것인가였다.

"나는 이런 생각을 떨쳐버릴 수가 없다." 포가 자신의 생각을 말했다. "우리가 이미 알고 있는 우주와 유사한 우주들이 끝도 없이 연속해서 출현할 것이다. 적어도 우리의 우주가 최초의 통일체로 돌아갈 때까지는 그럴 것이다. 각각의 우주는 서로 별개로 독립적이며, 자신만의 원시 입자와 고유한 신을 갖고 있다."

무의 상태로부터 물질이 생겨난다는 사고는 이미 여러 교과서들에 존재했다. 복수의 우주라는 개념의 기원도 고대 그리스 시대까지 거슬러 올라간다. 하지만 포는 시적 재능을 이용해 이런 개념들을 자신만의 방식으로 융합했다. "신의 심장이 박동할 때마다 팽창을 통해 만들어졌다가, 다시 수축을 통해 무로 돌아가는 우주"를 이해할 수 있는 독자라면 신비한 "울라루메"의 뒤에서 세상사를 관장하는 존재도 이해할 수 있을 것이다.

하지만 이 산문시의 정체는 모호하다. 우선 형식적인 측면에서 어떻게 봐도 시가 아니다. 또한 나중에 한 천체 물리학자에 의해 모두 "헛소리"와 "숫자로 보는 점술"에 불과하다고 폄하를 받은, 행성이나 궤도에 관한 약간의 계산들과 직관 외에는, 포가 자신의 이론을 증명할 아무런 수단도 제시하지 못했다는 점에서 산문으로서도 자격 미달인 작품이다.

「유레카」에서 나오는 일관되지 않은 화자의 목소리(처음에는 풍자적이고 익살맞다가, 다음에는 현학적인, 그다음에는 씩씩하고 활달한)는 포가 초기에 자신감 없이 쓴 글들을 닮아 있다. 그것은 외진 농가에 앉아 그의 주장을 반박하거나 작품의 결점을 지적해줄 배우자나 잡지 편집인 없이 글을 써야 했던 외로운 홀아비의 작품이었다. 포 스스로도 자기가 내린 결론을 어떻게 설명할지에 대해 자신이 없어 보였다.

"내가 이 진실의 책을 쓴 이유는 진실 자체를 말하기 위해서가 아니라 진실에 가득 들어 있는 아름다움을 위해서이다." 그는 서문에서 이 책이 "전적으로 예술 작품"이라고 계속 강조했다. "물론 여기서 내가 제시하는 것들은 진실"이라고 힘주어 말하기도 했지만, 최종적으로는 다시 "그럼에도 불구하고 나는 사후에 이 작품이 오로지 시로서 평가되기를 희망한다"라고 끝을 맺고 있다.

사실 어떻게 보면 「유레카」의 장르는 상당히 식별하기 쉽다. 이런 종류들은 괴짜 문학이라고 불려진다. 19세기에 마치 만병통치약처럼 주장되던 골상학이나 팔각형 건축 운동, 혹은 지구 공동설이나 푸리에주의자의 농업공동체 따위를 읽어본 독자라면 「유레카」에서 오랜 친구를 만난 듯한 기분 좋은 익숙함을 느낄 수 있을 것이다. 이런 작품들은 모두 비전문가들, 특히 다른 분야에서 똑똑하다는 소리를 많이 듣고 살아온 사람들에 의해 만들어졌다는 공통점을 갖고 있다. 그들은 자신들이 다루는 주제와 과학적인 방법론에 대해 단지 피상적으로만 알고 있기 때문에 잘못된 유추와 추정을 토대로 정치와 건강, 혹은 종교나 우주 그 자체에 관한 거대하고 통합적인 담론을 이끌어내곤 한다. 하지만 이런 괴짜 문학을 단순히 문외한의 유희로 치부하지 못하는 것은 때때로 그것이 직관적으로 어떤 탁월한 아이디어의 핵심을 제시하기 때문이다. 즉 주마간산 격인 관찰의 결과 속에 미래에 대한 예언이 깃들어 있는 것이다. 일례로 골상학은 국지적인 뇌 기능과 신경 가소성인간의 두뇌가 경험에 따라 변화하는 능력에 대한 연구를 촉발시켰으며, 팔각형 건축 운동은 개방형 설계와 콘크리트 건축을 받아들이게 했다. 그뿐만이 아니라 지구 공동설조차도 남극 탐험을 앞당기는 데 기여했다. 그렇지만 포가 밤하늘이 어두운 이유에 대해서 간접적이나마 최초로 진전된 단서를 제공하고 또 반쯤은 맞는 설명을 했다는 사실은 「유레카」를 과학적으로 영향력 있는 저서로 만들어주진 못했다. 그것은 '증명하기 어려운 니어미스near miss 목표물까지의 일보 직전 또는 아깝게 놓친 목표나 효과'라는 오랜 문학적 전통의 한 부분이 되었을 뿐이다.

　「유레카」에 대한 평가는 엇갈렸다. 혹자는 말을 아꼈고, 또 다른 사람들은 경의를 표했으며, 나머지 사람들은 혹평을 가했다. 각각의 평가는 서로 비중이 비슷했다. 포는 푸트넘이 선금으로 준 14달러

이외에는 더 이상의 돈을 벌지 못했던 것으로 보인다. 그가 다른 작품을 써서 받은 돈에 비해서 훨씬 적은 금액이었다. 하지만 더 큰 문제는 다른 곳에 있었다. 「유레카」를 쓰겠다는 목표 의식으로 금주까지 단행했던 포였지만, 책의 발간이 끝나자 그는 할 일 없이 빈둥거리기 시작했다. 아니나 다를까 포는 다시 한 번 자신의 잡지사를 설립하겠다는 꿈에 매달렸다.

"난 꼭 내 출판사를 만들 작정이네." 포가 한 친구에게 자신의 결심을 털어놓았다. "남의 지시를 받지 않고, 하고 싶은 바를 마음껏 펼쳐보고 싶네."

1848년 여름, 포는 〈더 스타일러스〉 창간을 위한 모금을 하려고 자신의 옛 고향 마을을 찾아갔다.

"저는 몸과 마음이 모두 극심한 고통에 시달리는 절망적인 상황에 처해 있습니다." 그가 자신의 중요한 후원자 중 한 사람에게 설명했다. "이제 죽음과도 같은 이 고통으로부터 벗어날 수 있는 유일한 길은 리치몬드 인근에 희미하게 남아 있는 옛 인연들을 개인적으로 찾아가는 것입니다."

하지만 그 여행은 재앙이었다. 리치몬드 인근을 한 바퀴 돌고, 개인적으로 〈서던 리터러리 메신저〉의 편집인 존 톰슨도 만났지만, 포는 절망에 빠져 술을 찾았다.

톰슨은 포가 짐을 꾸려 다시 뉴욕으로 돌아간 뒤 이렇게 기사를 내보냈다.

"그는 여기에 3주 동안 머물렀는데, 매일 밤 끔찍할 정도로 술에 취한 상태로 술집에 모인 청중들에게 「유레카」를 강의했다."

톰슨의 기사는 정확했다. 톰슨은 포를 만난 뒤 그가 다른 작품을 쓸 수 없다는 것을 직감했다. 포는 자신이 대표작으로 생각하고 있음이 분명한 「유레카」 얘기를 집요할 정도로 반복했다. 포가 무엇 때문에 이 작품에 그토록 강한 애착을 느끼고 있었는지(방금 만난 낯선 사람에게도 그것에 대해 열변을 토할 정도였다.)를 알려면 「유레카」의 마지막 부분, 즉 우주가 해체되어 다시 최초의 통일체로 돌아가는 과정에 대해 적어놓은 주석을 눈여겨봐야만 한다.

각주 — 우리가 개별적인 정체성을 상실하게 될지도 모른다는 생각이 주는 고통은, 위에서 묘사한 대로 그 과정이 바로 각각의 개별적 지성에 의해 다른 모든 지성들이(즉, 우주의) 흡수될 거라는 생각을 하게 되는 그 순간에 모두 사라진다. 신은 만유의 주인으로 만유 속에 존재하며고린도전서 15장 28절, 각자는 모두 신이 될 수 있음이 분명하다.

포가 「유레카」를 쓰는 일 년 동안 버지니아 포는 무덤 속에 누워 있는 망자가 아닌 셈이었다. 자기 생애의 많은 시간을 소멸의 (삶과 죽음이 교차하는 순간의, 삶에 지대한 영향을 미치는 그 환영과도 같은 찰나의, 그리고 그것이 선사하는 본능적인 공포의) 미스터리를 천착하며 살아온 포에게, 「유레카」는 그런 주제를 정면으로 마주해서 설명 불가능해 보이는 것들을 진지하게 설명해보고자 하는 노력이었다. 이론의 여지는 있지만 포의 이런 시도는 여러 가지 면에서 실패했다. 하지만 그는 그것을 받아들이지 않았다.

포의 눈에 자신의 작품은 성공적이었다. 이제 그는 죽음을 받아들일 수 있게 되었다. 그것도 무척이나 자연스럽게.

1848년 11월 4일, 에드거 앨런 포는 이제 스스로 삶을 마감할 때가 됐다고 결심했다. 날씨는 약간 쌀쌀하긴 했지만 프로비던스미국 로드아일랜드 주의 주도의 상쾌한 토요일 아침이었다. 전날 밤을 호텔 방에서 뜬눈으로 보낸 포는 마음을 가라앉히기 위해 호텔을 나와 활달하게 걷기 시작했다. 하지만 산책은 효과가 없었다. "악령이 여전히 나를 괴롭히고 있다"라며 그는 불평했다. 하지만 약국을 막 지나치려는 순간 그에게 좋은 생각이 떠올랐다. 그는 약국으로 걸어 들어가 대부분의 남자들을 단번에 죽일 수 있는 충분한 양의 아편 팅크제아편 성분으로 만든 약으로 주로 진통·진경제로 사용됨를 샀다. 포는 굳이 호텔로 다시 돌아갈 필요가 없었다. 그는 역으로 가서 보스턴행 기차에 올라탔고, 가는 내내 유서를 썼다.

포는 자신이 태어난 도시에 도착하자마자 아편 팅크제 1온스를 입에 털어넣은 뒤 손에 꼭 쥐고 있던 유서를 부치기 위해 우체국으로 향했다.

포는 성공하지 못했다.

"우체국으로 걸어가는 동안 내 머릿속에서 죽어야 할 이유가 완전히 사라졌고, 나는 편지를 우체통에 집어넣지 않았습니다." 뒤에 포가 낙심해서 말했다. "아편 팅크제는 위에서 거부당했고, 나는 마음이 진정되었습니다. 지나가는 사람이 보면 그냥 거의 정상인 사람처럼 보였죠. 그래서 나는 고생고생해서 프로비던스로 다시 돌아갔습니다."

며칠 뒤 사람들에게 설득당한 포가 사진을 찍기 위해 자리에 앉은 곳도 바로 프로비던스였다. 1848년에 은판 기술_{요오드로 처리한 은판을 카메라에 집어넣어 촬영한 뒤 수은 증기로 현상하여 사진을 얻는 기술}로 찍은 포의 이 인물 사진은 오늘날 19세기를 상징하는 이미지들 중 하나로 여겨지고 있다. 아득히 먼 허공 한가운데를 노려보듯 응시하고 있는 사진 속의 포는 자꾸만 되풀이되는 자신의 불행을 분하게 여기는 듯한 표정을 희미하게 짓고 있다.

그는 원래대로라면 이처럼 외롭고 쓸쓸하게 지내서는 안 되었다. 하지만 버지니아 포가 자신의 병상을 끝까지 지켜준 마리 루이스 쇼우 간호사와 에드거가 결혼하기를 바랐던 그녀의 희망은 이미 물거품이 된 지 오래였다. 사이좋은 친구였던 마리는 포를 좋아했지만, 그가 쓴 「유레카」가 신앙심이 돈독했던 그녀를 대경실색하게 만들었던 것이다. 포는 대신에 미국에서 가장 유명한 여류 비평가이자 시인 중 한 명인 사라 헬렌 휘트먼과의 연정을 꿈꿨다. 그녀는 한 프로비던스 출신 변호사의 부유한 미망인으로, 당시 무명 신세를 벗어나지 못하고 있던 월트 휘트먼과는 아무런 관련이 없었다. 사라는 포에게 큰 관심을 갖고 있었다. 포는 두 사람을 모두 잘 아는 친구를 통해 그녀가 자기 작품을 존경하고 있다는 사실을 알게 되었다. 그녀가 프로비던스에 머물고 있는지 알아내기 위해 포는 다른 사람의 이름으로 편지를 보냈다.

친애하는 여사님!

저명한 미국 작가들의 친필을 수집하는 일을 하는 사람으로서 저
는 당연히 여사님의 것도 구할 수 있기를 갈망하고 있습니다. 영광
스럽게도 간단하게 이 편지에 답장을 해주신다면 일생의 호의로
알고 감사하게 받겠습니다.

에드워드 S. T. 그레이 Grey

수주 뒤, 용케 방법을 찾아내 시내에서 휘트먼을 만난 포는 그녀
의 마음을 사로잡기 위해 애를 썼다. 두 사람이 함께 애서니움 도서
관을 방문했을 때, 좀처럼 일어나지 않을 뜻밖의 행운이 포에게 찾아
왔다. 그녀가 일 년 전 〈아메리칸 리뷰〉에서 보고 감탄을 금치 못했
던, 무기명의 시에 대해 한가로이 물어봤던 것이다. 당신도 그 시를
읽어 봤나요? 제목이 … 맞다. 「울라루메」.

"숨이 멎을 정도로 놀랐어요." 그녀가 회상을 했다. "자신이 바로
그 시를 쓴 작가라고 그가 얘기했거든요. 그러고는 우리가 앉아 있
던 벽감벽면을 우묵하게 들어가게 해서 만든 공간에 놓여 있던 서평 합본 쪽으로
몸을 돌려 책 아래에다 자신의 이름을 서명했어요."

두 사람은 완벽하게 어울리는 짝은 아니었다. 휘트먼의 친구들
중에는 포를 싫어하는 작가가 많았고, 그녀는 극도로 자식을 끼고도
는 그녀의 어머니와 같이 살고 있었다. 포는 머뭇거리는 그녀의 마
음을 격정적인 연서들로 사로잡으려고 애썼다.

"내가 가난뱅이가 아니라면 … 내가 최근에 저지른 실수와 지나

치게 무분별했던 행동들이 없었더라면 … 내가 부자이거나, 이 세상의 영광을 당신에게 가져다줄 수 있는 사람이라면 … 아, 그럴 수만 있다면 … 그럴 수만 있다면 … 당당하게 당신의 발밑에 엎드려서 세상에서 가장 공손한 태도로 당신의 사랑을 애원하고 … 갈구하고 … 호소하고 … 무릎 꿇고 빌며 … 기도하고 … 또 간청할 수 있었을 것을 … ."

하지만 포는 여전히 다른 여인들의 사랑도 갈구했다. 포는 그들 중 어느 누구도 버지니아가 될 수 없다는 비참한 진실을 잘 알고 있었다. 보스턴에서의 자살 미수 사건도 포가 이런 외로운 구애의 몸짓들에 스스로 절망한 나머지 저지른 것이었다.

하지만 결과적으로 사라 헬렌 휘트먼에 대한 이 홀아비의 간절한 호소는 외면받지 않았다. 11월이 끝나갈 무렵, 그녀는 포의 구애를 받아들였다. 그들은 크리스마스에 결혼하기로 약속했다. 하지만 이번에는 그녀의 친구들과 어머니가 문제였다. 그들은 포에 대한 의심을 거두어들이지 않았다.

"내 눈에 그녀는 좋은 여자로 보였네. 그리고 … 자네는 포가 어떤 사람인지 알지 않나?" 신문사 편집 주간인 호러스 그릴리가 동료인 루퍼스 그리스월드에게 조바심을 내며 말했다. "혹시 휘트먼 부인에게 포에 대해 사실대로 말해줄 친구가 있는지 알고 있나?"

그러나 그녀가 포가 어떤 사람인지 스스로 알아내는 데는 그렇게 오랜 시간이 걸리지 않았다. 결혼식 사흘 전, 포의 예비 장모는 그에게 앞으로 휘트먼 가문의 재산에는 일절 손을 대지 말 것이며, 술도 끊겠다는 약속을 하라고 요구했다. 그는 그러겠다고 대답을 했다. 그러고는 다음 날 아침 예비 장모가 내준 과제를 수행해나갈 결의를 다지기 위해 포는 호텔 바에서 와인을 마셨고, 몇 시간이 지나지 않아 결혼식은 없던 일이 돼버렸다. 영원히.

포는 반은 결혼을 하지 않게 되어 안심을 했고, 반은 계속 홀아비로 살아가야 한다는 점에 실망을 하면서 1849년을 맞이했다. 포는 작가로서의 자신의 삶을 걱정했다. 「유레카」와 헛된 편지들에 매달리느라 돈이 될 수 있는 좋은 작품을 쓰지 못했던 것이다. 그는 전해에 총 166달러를 벌었는데, 다른 것은 차치하고 월세 내기에도 빠듯한 금액이었다. 포는 한 편집인에게 "나는 지난 3~4년간보다는 훨씬 더 활발하게 문단에서 활동하고 싶다"라고 털어놓았다.

포의 문단 복귀는 사람들이 예상하지 못한 매체를 통해 이루어졌다. 바로 "전 국민을 위한 신문"을 표방하며 삽화를 넣은 주간지로 새롭게 출범한 보스턴의 〈더 플래그 오브 더 유니온*The Flag of the Union*〉이었다. 신문은 높은 인기를 누렸지만 문단의 평가는 비판적이었다.

"왜 자네는 그런 싸구려 문학지에 글을 쓰는가?" 한번은 포의 친구 중 하나가 그에게 대놓고 물어보았다. "그들이 돈을 많이 주던가?"

실제로 그들은 작가들에게 많은 돈을 썼다. 프란시스 오스굿과 리디아 시고니 같은 동시대의 작가들도 〈더 플래그 오브 더 유니온〉에 글을 썼다. 하지만 포는 그곳에서 그들의 뛰어난 문학적 감수성이 발휘될 여지는 거의 없었다는 점을 인정했다.

"그곳에다 글을 써서 보내는 것이 마치 캐퓰릿 가문_{셰익스피어의 『로미}_{오와 줄리엣』에 나오는 줄리엣의 집안으로 로미오의 몬테규 가문과 앙숙임}의 무덤 속에 보내는 것처럼 느껴졌다."

하지만 칼럼을 채우기 위한 〈더 플래그 오브 더 유니온〉의 노력 덕분에 포는 〈브로드웨이 저널〉 폐간 이후 가장 생산적인 시기를 보낼 수 있었다. 1849년 2월에서 6월 사이에만 과거 4년간과 맞먹을 정도로 많은 소설을 새롭게 출간했던 것이다.

"문학은 모든 직업들 중에서 가장 고귀한 것이다. 사실, 그것은 사람에게 딱 들어맞는 거의 유일한 직업이다." 포는 골드러시에 관한 기사들이 쏟아져 나오는 가운데 이렇게 선언했다. "물론 그렇다고 해서 내가 캘리포니아에 있는 금광에 대한 꿈을 포기한다는 뜻은 결코 아니다."

포가 〈더 플래그 오브 더 유니온〉에 보낸 많은 글들이 모두 하찮은 것은 아니었다. 특히 복수극을 다룬 단편소설 「절름발이 개구리 *Hop-Frog*」는 포의 빛나는 재능을 보여주는 작품이었다. 그의 다른 고딕소설들처럼 배경이 되는 시간과 장소가 명확하지 않은 이 소설에서, 포는 왕과 대신들을 대상으로 끔찍한 복수극을 펼치는 궁정 어릿광대를 통해 「검은 고양이」나 「아몬틸라도의 술통」에서 그가 보여준, 술이 촉발한 광기와 냉혹한 살인이라는 주제를 계속해서 파고들고 있다. 왕에 의해 원치 않는 술을 강제로 마셔야 했던 난쟁이 어릿광대는 그를 괴롭히던 왕과 이를 방관했던 대신들에게 속임수를 써서 타르와 아마로 만든, 불이 잘 붙는 옷을 입힌다. 그러고는 마침내 복수에 성공한 난쟁이는 채광창을 통해 궁궐을 빠져나가며 그들의 "악취가 진동하고, 새까맣게 그을리고, 흉측하기 이를 데 없으며, 누가 누군지 분간할 수 없을 정도로 한데 뒤엉켜버린 몸뚱이들"을 보며 기뻐서 어쩔 줄 몰라 한다. "나는 절름발이 개구리로 불리던 어릿광대이다 … 그리고 이건 나의 마지막 어릿광대짓이다."

언제나처럼 행운은 포의 곁에 오래 머물지 않았다. 〈더 플래그 오브 더 유니온〉은 모든 기고자들에게 편지를 보내 앞으로 원고료를 지불할 수 없게 될 거라는 사실을 조용히 알렸고, 잠시 포를 찾아왔던 창작의 봄날은 아쉽게 막을 내렸다. 포는 오랫동안 쫓아온 신기루를 찾아 다시 나섰다. 이런 믿을 수 없는 출판업자들에 의해 다시는 고통을 당하지 않으려면 자신만의 잡지가 필요하다는 신념이 더욱 커졌던 것이다. 때마침 에드워드 호튼 패터슨이라는 유망한 청년 투자자가 포에게 보내온 한 통의 예기치 않은 편지가 포의 이런 희망에 군불을 지폈다. 문제점은 한 가지였다. 패터슨은 그의 고향인 일리노이 주에 있는 매력 없는 도시인 오쾌카에서 전국에서 제일 좋은 문학잡지를 발간하기를 원했고, 그에 따라 잡지의 이름으로 〈더 스타일러〉 대신 〈오쾌카 스펙테이터Oquawka Spectator〉를 희망했다.

"심각한 문제점들이 좀 있습니다." 포는 최대한 요령 있게 설명하려고 노력했다. "무엇보다 당신이 이곳 오쾌카에 머물러 있다는 게 가장 심각한 문제입니다."

하지만 패터슨은 포가 지난 수년간 만나본 사람들 중에 가장 든

든한 후원자였다. 결국 패터슨의 제안을 받아들인 포는 마리아 숙모가 자신의 건강 때문에 조바심을 내는데도 불구하고 구독자를 모집하기 위해 동부 연안의 도시들로 순회 방문을 떠났다.

"저에 대해서는 걱정하지 마세요!" 포가 출발하면서 그녀를 달랬다.

며칠 뒤, 필라델피아에 있는 잡지 편집인 존 사테인의 사무실로 포가 불쑥 찾아왔다. 그는 거칠고 불안해 보이는 모습으로 자신을 숨겨달라고 사정했다.

"제가 지금 말씀드리는 것을 … 이런 일이 19세기에 일어날 수 있다는 게 믿기 힘드실 겁니다." 그는 횡설수설했다. "당분간 몸을 숨겨야만 합니다. 여기서 당신과 지내도 되겠습니까?"

포는 기차를 타고 오다 뒤에 앉아 있는 사람들이 자신을 죽이려고 음모를 꾸미는 소리를 들었다고 말했다.

"아마도 이 턱수염이 없으면 사람들이 나를 알아보지 못할 겁니다." 포가 제안을 했다. "내가 이걸 밀어버릴 수 있도록 면도기를 좀 빌려주시겠습니까?"

사테인은 그의 말에 동조하는 척하며 턱수염을 다 깎은 포를 달래서 거리로 나왔다. 한동안 걸은 뒤에 저수지에 다다른 두 사람은 적당한 곳에 앉았다. 포의 입에서 다른 얘기가 조금씩 흘러나오기 시작했다. 포는 자신이 현지의 모야멘싱 교도소필라델피아에 있는 교도소에 수감되어 있었고, 그곳에서 사람들이 마리아 숙모의 다리를 자르는 장면을 목격했다고 했다.

"그들이 처음에는 발목을, 그다음에는 무릎까지, 그다음에는 엉

덩이 아래 허벅지 부분을 잘라서 그녀를 정육점에 걸린 고깃덩어리처럼 처참하게 만들었습니다. 나를 고문할 목적으로 그런 것입니다."

포는 나직한 목소리로 이런 환각 현상을 마치 사실처럼 이야기하고 있었다. 그는 또한 자신이 수감되었던 이유는 50달러짜리 지폐를 위조했기 때문이라고 주장했다. 하지만 사테인은 그가 교도소에 머문 이유가 술 때문이라고 의심했다. 포는 단지 몇 시간만 그곳에 있었다. 법정에서 사람들이 그를 알아보았기 때문이다.

"아니, 이 사람은 시인인 포잖아!" 그들은 이렇게 말하고는 포를 풀어주었다.

포가 겪은 환각 현상은 아마도 알코올 진전 섬망증_{알코올 금단으로 인해 환각이나 환청 현상에 시달리고 육체의 떨림이나 발작 등을 겪는 증상}이었을 것이다. 이제 겨우 마흔에 불과한 나이와 전혀 어울리지 않는 그의 몸 상태가 그것을 말해주고 있었다. 한 주 뒤, 포가 동료인 고딕소설가 조지 리파드의 사무실 입구에 모습을 드러냈을 때 그의 몰골은 더욱 처참해져 있었다. 그동안 콜레라가 횡행하는 위험한 거리를 돈 한 푼 없이 굶주림에 시달리며 돌아다닌 포는 한쪽 신발만 신고 있었다. 포는 리파드의 사무실 한구석에 무너지듯 앉아서 자신의 머리를 두 손으로 감쌌다.

"지금은 어떤 설득도 내게 소용이 없습니다. 나는 죽어야 합니다." 그는 집에 있는 마리아 숙모에게 절망에 찬 편지를 보냈다. "「유레카」를 끝낸 뒤부터 내게는 더 이상 살아갈 이유가 없습니다."

리파드는 최선을 다해 포를 위로했다. 포에게 음식과 옷을 주고, 그가 여정을 계속할 수 있도록 동료 작가들과 함께 기찻삯을 모아주기도 했다. 하지만 남부행 밤 열차에 오르는 포를 배웅하러 나온 리파드는 그의 옛 친구에게서 무언가 이상한 점을 느꼈다.

"그는 내 손을 오랫동안 꼭 쥐었습니다. 우리와 헤어지기 싫은 것처럼 보였죠." 그가 기억을 더듬었다. "그날 그의 목소리, 그가 보였던 모습과 태도에는 기구하고 폭풍과도 같았던 그의 삶이 이제 거의 종말을 향해 다가서고 있다는 일종의 예감 같은 것이 묻어 있었습니다."

어릴 적 고향인 리치몬드로 향하는 여정은 비참하게 시작되었다. 포가 남부의 여름을 향해 출발했을 때 그는 교도소에서 입었던 형편없는 검은 옷을 여전히 걸치고 있었다.

"옷들은 정말 끔찍하고, 몸도 크게 병들어 있습니다."

리치몬드에 거의 도착할 무렵 마리아 숙모에게 쓴 편지에서 포는 이렇게 하소연했다. 설상가상으로, 그가 순회 방문을 하는 도중에 시 강연을 통해 모금을 하려고 가방에 넣어두었던 원고들이 필라델피아에서 사라졌다. 포는 "그것을 되찾거나 일부라도 다시 쓰지 못한다면 내 여행은 끝장난 것이나 다름없다"라고 한탄했다.

하지만 주머니에 단돈 2달러를 들고 리치몬드에 도착한 포에게 그동안 간절하게 기다려온 선물이 찾아왔다. 바로 오콰카에 있는 그의 후원자가 보낸 50달러짜리 수표였다. 포는 몸을 깨끗이 씻고 경쾌하게 보이는 여름 모자를 하나 산 뒤, 자신의 대학 시절 여자 친구를 찾아 나섰다. 엘미라 로이스터는 여전히 리치몬드에 살고 있었을 뿐만 아니라, 10만 달러의 재산을 물려받은 미망인이 되어 있었다. 그녀가 교회에 가려고 분주하게 준비하고 있던 어느 일요일 아침, 하인 한 명이 그녀에게 다가와 "어떤 신사분이 마님을 뵙고 싶다고 응접실에서 기다리고 있습니다"라고 말했다. 아래층으로 내려간 그녀는 한눈에 포를 알아보았다.

"오! 엘미라, 정말 당신이야?" 그녀를 본 포가 크게 외쳤다.

포의 방문에도 불구하고 그녀는 예정대로 교회로 향했다. 하지만 다시 그녀를 찾아갔을 때 포는 이미 마음을 굳힌 상태였다. 그는 그녀와 반드시 결혼해야겠다고 생각했다.

"나는 처음에는 웃었어요." 그녀가 털어놓았다. "그런데 그가 진심이라는 것을 알면서 나도 진지하게 생각하게 되었죠."

포는 의사에게 술을 끊겠다고 말할 정도로까지 진지했다. 「시의 원리The Poetic Principle」에 관한 강연 원고를 다시 써서 현지에서 강연을 하겠다고 선언할 정도로 포는 그녀와의 결혼을 진심으로 원했다. 그는 발 디딜 틈 없이 모여든 수많은 사람들 앞에서 강연을 했다. 청중들을 즐겁게 만든 「갈까마귀」 시 낭송으로 마무리된 이날의 강연은 포가 리치몬드 사람들에게 돌린 일종의 명함 같은 것이었다. 이제 리치몬드 사람들은 그들의 시인이 고향으로 돌아왔음을 깨달았다.

곧이어 포는 두 번째 놀라운 소식을 사람들에게 전했다. 1849년

8월 27일, 포가 금주운동가협회의 현지 지부에 가입했던 것이다. 포는 정말로 진지한 구혼자가 되어 있었다. 포가 그다음 달 리치몬드에서 두 번째 강연을 한 날에는 로이스터 부인이 강연장에 모습을 드러냈다. 그녀는 첫 번째 줄에 앉아 포가 「갈까마귀」는 물론 바이런과 테니슨, 그리고 … 심지어는 롱펠로우의 시가지 낭송하는 모습을 감상했다.

1849년 9월의 포는 행복했다. 그는 꿈을 꾸는 것만 같았다. 포는 뒤에 이 당시가 그의 인생에서 최고의 몇 주였다고 말했다. 달콤 쌉쌀한 행복이었지만 그런 것이 오히려 포에게는 어울렸다. 그는 자신의 과거와도 조우했다. 다른 가족에게 입양되었던 그의 누이동생, 로살리가 여전히 리치몬드에 살고 있었는데, 그녀는 다시 만난 포를 헌신적으로 따라다니며 심부름을 도맡아서 했다. 포는 어린 시절 친구들도 만났다. 그들은 포가 술을 마시지 않는다는 사실에 놀라움을 금치 못했다. 이제는 폐허로 변해버린 옛 동네를 친구들과 함께 거닐던 포는 이끼로 뒤덮인 낡은 벤치에 잠시 앉았다.

"여기에는 흰 바이올렛이 피어 있었지."

포가 혼자 중얼거리더니 반쯤 무너져내린 집 안으로 들어갔다. 한 친구의 회상에 따르면, 포는 완전히 부서져 이제는 과거의 형체를 찾아볼 수 없는 거실에 들어서자 자기도 모르게 과거의 습관대로 멈춰 서서 모자를 벗었다. 낯설고 예상치 못한 장소에서도 과거의 기억들은 물밀 듯이 밀려들었다.

소규모 청중을 대상으로 강연을 해달라는 초청을 받고 노포크를 방문한 포는, 한 여인에게서 나는 흰 붓꽃 뿌리 향수 냄새를 맡고 소스라치게 놀랐다.

"당신은 그 냄새가 내게 어떤 것을 생각나게 하는지 아시나요?" 그가 여인에게 물었다. "내 의붓어머니입니다. 그녀의 화장대 서랍이 열릴 때마다 흰 붓꽃 뿌리 냄새가 방 안 가득 퍼지곤 했습니다. 그때 이후로는 흰 붓꽃 냄새만 맡으면 어린 시절로 돌아가죠."

9월 말이 되자 포와 엘미라가 이미 약혼을 했거나, 적어도 그들이 조심스러운 교제 끝에 서로를 이해하기에 이르렀다는 소문이 돌았다. 하지만 그에게는 우선해서 처리해야 할 일들이 있었다. 〈더 스타일러스〉와 관련해서도 남은 일들이 있었고, 뉴욕에 있는 마리아 숙모에게 결혼 생활에 대한 조언도 구해야 했다. 어느 피아노 제조업자가 필라델피아로 건너 와서 자가 아내가 쓴 시를 손봐주면 100달러를 주겠다는, 무시하기 어려운 제안도 받아놓은 터였다. 포는 결국 엘미라에게 슬픈 작별을 고했다.(엘미라는 "그는 매우 슬퍼했고, 몸도 굉장히 아프다고 불평했어요"라고 당시를 기억했다.) 병원에 들러 치료를 받은 포는 9월 27일 이른 새벽, 리치몬드 항구를 떠나는 증기선에 올라탔다. 그 뒤 포에게 무슨 일이 벌어졌는지는 그 누구도 확실히 알지 못했다.

10월 3일, 볼티모어에 사는 포의 문단 친구이자 10년 전에 최초로 「리지아」를 발간하기도 한 조세프 스노드그라스 박사는 한 통의 다급한 메모를 받는다.

볼티모어시, 10월 3일, 1849년

지금 남루한 옷을 입은 에드거 앨런 포라는 이름의 한 남자가 〈라이언스 포스 워드 폴스〉볼티모어에 있던 선술집 겸 여관에 있습니다. 그는 아주 위중한 상태로 보이는데, 당신을 안다고 말하고 있습니다.

단언컨대 그에게는 지금 신속한 도움이 필요합니다.

그럼 이만. 조스. W. 워커

스노드그라스는 허겁지겁 메모에 적혀 있는 술집으로 달려갔다. 노상에서 발견되어 인근에 있던 〈라이언스 포스 워드 폴스〉로 옮겨진 포는 눈에 초점이 없었고 의식도 혼미한 상태였다. 스노드그라스는 뒤에 "폭음으로 인한 혼미 상태"였다고 말했다. 포가 의식이 없는 동안 그의 옷은 도둑질당하거나 전당 잡혔고, 대신 그의 몸에는 얇고 더러운 옷들이 입혀져 있었다. 더구나 그 주에는 비가 내리고 쌀쌀한 날씨가 계속되었기 때문에 한동안 길바닥에 쓰러져 방치되어 있었던 포는 추위로 많은 고통을 받았을 것이다. 볼티모어에 사는 포의 친척들이 도움을 거절했기 때문에 스노드그라스가 직접 그를 워싱턴 대학병원으로 데려가 입원시켰다.

"그는 의식이 전혀 없었기 때문에," 스노드그라스가 말했다. "우리는 시체처럼 축 늘어진 그를 힘겹게 마차로 옮겨야만 했습니다."

10월 5일 오전 3시, 포가 몸을 격렬하게 떨고, 땀을 비 오듯이 흘렸다. 다음 날 오후 그의 주치의는 열에 들뜬 포가 헛소리를 하는 가운데 "리치몬드에서 아내와 함께 살았다"라는, 반은 맞고 반은 틀린 얘기를 들었다. 존 모런 박사는 의식이 혼미한 그의 환자에게 곧 회복되어서 가족과 친구들을 만날 수 있을 것이라고 얘기했다.

"지금 순간적으로 그의 의식이 돌아옴." 모런 박사가 진료 일지에 적어 내려갔다. "그는 자신의 가장 친한 친구가 지금 해줄 수 있는 최고의 일은 총으로 자신의 머리를 날려주는 것이라고 말했음."

그다음 이틀 동안 포는 불안한 수면 상태와 두 명의 간호사가 깜짝 놀라 몸을 잡아야만 할 정도의 격렬한 발작을 번갈아가며 반복했다. 모런 박사의 진료 일지에 따르면 "그는 '레이놀즈'라는 이름을 밤새도록 불렀는데, 다음 날인 일요일 새벽 3시가 되어서야 그쳤다." 아마도 이 레이놀즈라는 사람은 극지 탐험가로, 『아서 고든 핌의 이야기』에 모티브를 제공해준 인물이자, 지구 공동설을 통해 남극 어딘가에 미지의 세계로 통하는 문이 존재할지 모른다는 주장을 펼친 그 제레미아 레이놀즈를 가리켰을 것이다.

그것은 지하 세계로의 길 안내를 요청하는 실로 적절한 주문이었다. 그날 아침 5시, 에드거 앨런 포는 그의 시 「애니에게 *To Annie*」에서 예상했던 자신의 운명을 만나게 된다.

신이시여 감사합니다! 온갖 위기와ー
위험들을 더 이상 겪지 않고,
오랜 질병에서도 마침내
벗어났습니다ー

그리고 '삶'이라고 부르는 열병도
드디어 치유되었습니다.

그는 다음 날 오후 장의사까지 포함해서 10명 남짓한 사람들만
참석한 가운데 땅에 묻혔다. 한 목격자는 장례식이 "3분도 걸리지 않
았고, 너무 인정머리 없이 비기독교적으로 치러지는 바람에 화를 참
기가 어려웠다"라고 비웃었다. 장례식이 끝난 뒤 포는 묘비 없는 묘
지에 묻혔다.

포가 죽었다는 소식은 빠르게 퍼졌다. 〈볼티모어 선〉은 비록 그
의 장례식을 미리 알리는 데는 실패했지만, 장례식이 있던 날 아침에
포의 죽음이 "그의 천재성을 흠모하고, 한평생 질병과 허약함에 시
달려야 했던 그를 동정해온 모든 이들의 마음을 아프게 할 것이다"
라고 추모의 글을 올렸다. 다음 날이 되자 비슷한 기사가 뉴욕을 포
함해 모든 동부 연안 도시에 사는 시민들 손에 전해졌다. 가장 냉담
한 부고 기사를 실은 〈뉴욕 헤럴드〉(포에게는 친구가 몇 없거나 아예 없
을 수도 있다고 주장했다.)조차도 포가 천재이며, 연설을 할 때는 누구
보다도 뛰어난 웅변 실력을 뽐냈고, 대단히 낭만적인 성격을 지녔다
고 인정했다.

"포는 언제나 몽상가였다. 그는 상상의 장수(천국 또는 지옥)에서
살았는데, 그곳에 존재하는 사람과 사건들은 다 그의 머리에서 나온
것들이다."

포가 사망한 지 한 주가 채 지나기도 전에 그의 작품 선집을 만드는 계획이 진행되었다. 선집의 편집인은 루퍼스 그리스월드 목사였다.

루퍼스 그리스월드는 다름 아닌 〈뉴욕 헤럴드〉에 실린 비우호적인 부고 기사를 쓴 장본인이었다. 하지만 사람들에 따르면 그를 편집인으로 지목한 사람은 포 자신이었다. 생전에 마리아 숙모에게 자신의 선집을 편집할 사람은 그리스월드밖에 없다고 말해두었다는 것이다. 포의 이런 선택은 크게 놀랄 만한 일은 아니었다. 1842년에 『미국의 시인과 시』, 그리고 1845년에 『미국의 산문작가들』을 펴낸 그리스월드는 미국에서 가장 영향력 있는 선집 편집인 중 한 명이었다. 그는 포와 거의 10년 가까이 알고 지냈는데, 둘 사이의 교류는 엇갈린 결과를 낳았다. 비록 포가 1841년에 그리스월드를 "고상한 취미와 건전한 판단력의 소유자"로 묘사했고, 그리스월드도 포를 "상상력이 탁월한, 군계일학의 인물이다"라고 칭찬하긴 했지만, 둘은 때때로 서로의 감정을 극도로 상하게 만들었다. 1842년 포가 〈버튼즈 젠틀맨스 매거진〉을 떠난 뒤 그리스월드가 그의 자리를 대신 차지했지만 둘의 관계에는 거의 도움이 되지 못했다. 하지만 둘은 실용주의적인 정신에 입각해서 조심스러운 휴전 상태를 유지하는 게 바람직하다는 결론에 도달했다. 그리스월드는 사람들의 눈에 보일 정도로 포의 재능을 칭찬하기 시작했다. 그는 "단편소설 작가들"에 관한 기사에서 쿠퍼나 호손, 심지어는 워싱턴 어빙보다도 더 많은 지면을 포에게 할애했다. 포의 입장에서 볼 때 자신의 선집을 내는 작업을 그리스월드의 손에 맡기는 것은 개인적으로는 탐탁지 않을지 몰라도, 사업적으로는 영리한 결정이었다.

"포는 내 친구가 아니었습니다. 물론 나도 그의 친구가 아니었고요. 그리고 그는 내게 자신의 작품들을 편집하는 일을 맡길 권리도 없었습니다." 그달이 끝나갈 무렵 러셀 로웰을 만난 그리스월드가 불평을 늘어놓았다. "하지만 그는 그렇게 했고, 또 여러 가지 상황 때문에 여기 있는 포의 친구들이 지닌 소원을 거부할 수 없었습니다."

그리스월드는 신속하게 일을 진행했다. 포와 동시대 작가들인 로웰과 N. P. 윌리스의 회고담을 챙기는 한편, 그는 포와 주고받은 편지나 포의 원고를 찾는다는 광고를 신문에 실었다. 잃어버렸거나 발간되지 않았던 포의 작품들이 빠르게 모습을 드러냈다. 그리스월드가 갖고 있던, 포의 마지막 시 「애너벨 리Annabel Lee」의 복사본이 즉시 활자화되었고, 포 가족의 간호사였던 마리 루이스 쇼우도 포의 시 「종The Bells」이 사후에나마 출간될 수 있도록 기여를 했다. 특히 「종」은 "From the bells, bells, bells, bells …"라는, 마치 최면이라도 거는 듯한 반복적인 시구의 사용으로 출간되자마자 「갈까마귀」와 같은 인기작의 대열에 합류했다. 일일이 열거하기 힘들 정도로 많은 편지들과 소설들, 그리고 시들과 이런저런 소소한 글들이 쏟아져 들어왔고, 포가 세상을 뜬 지 채 3주도 되지 않은 시점에서 벌써 여섯 명의 직원들이 뉴욕의 출판업자 J. S. 레드패스의 지휘 아래 조판 작업에 착수했다.

10월 8일 포의 죽음 이후 놀랄 만한 속도로 편집 작업이 이루어진 『고故 에드거 앨런 포 작품집The Works of the Late Edgar Allan Poe』은 1850년 1월 10일, 서점에 배포되었다. 녹색 천 장정으로 만든 두 권의 책(첫 번째 책 제목은 『소설들Tales』이고, 두 번째 책은 『시와 기타 글들Poems and Miscellanies』이었다.)이 발간됨으로써 포는 세계문학계에서 거장의 반열에 오르게 되었다. 살아생전 포는 어떤 잡지나 장르, 혹은 출판업자하고도 오랜 관계를 유지한 적이 없었다. 이 때문에 그의 글을 지속적으로 읽는 독자들도 드물었다. 제임스 러셀 로웰이 포의 평론에 대해서 언급한 말은 나머지 포의 작품들에 대해 그대로 적용해도 한 치의 어긋남이 없다.

"포는 수없이 많은 채석장에서 불멸의 피라미드를 건축하고도 남을 만큼 무수한 돌들을 캐냈지만, 그것들을 무관심하게 방치해두었기 때문에 사람들은 그 물건들의 주인이 포인지도 몰랐다."

총 1,000페이지에 달하는 두 권의 책을 통해 사람들은 마침내 포의 문학적 성취의 폭이 얼마나 넓은지 분명하게 알게 되었다. 하지만 포에 대한 그리스월드의 개인적인 비난에 화가 난 조지 그레이엄(그는 포와 그리스월드를 모두 편집인으로 고용한 적이 있다.)은 지면을 통해 "그는 포의 동료가 아니었다"라고 꼬집었고, 포의 가난과 음주에 대한 그의 관심은 "단순히 지엽말단적인 진실만을 건드리고 있는 것처럼 보인다"라고 비판했다. 그리스월드가 포의 평론들과 "문학계 인사"들에 대한 인물평들을 모아서 펴낸 세 번째 책은 아마도 그레이엄을 더욱 화나게 만들었을 것이다. 전기처럼 써내려간 책의 서문에서 그리스월드는 사실 여부와 상관없이 세간에 떠도는 포에 대한 온갖 비난들을 반복해서 언급했다. 그는 포가 버지니아 대학으로부터 퇴학당했고, 사는 내내 "야만적인 술주정뱅이" 상태를 벗어나지 못했으며, 빌린 빚도 끝내 갚지 못했다고 주장했다.

"그 불한당 같은 그리스월드가 가엽기 그지없는 에디의 **실수**들을 공개적으로 대중들 앞에 끌고나와 망신 준 것을 생각하면 … " 머리 꼭대기까지 화가 치밀어오른 마리아 클렘 숙모가 글을 적어내려갔다. "그리고 그의 좋은 점에 대해서는 한마디도 하지 않은 것을 생각하면 … 죽고 싶다고 생각해봤나요? 세상과 연을 끊고, 그것과 관련된 모든 것들로부터 벗어나고 싶다고 생각해봤나요? 그게 요즘 제가 느끼는 심정이에요."

그리스월드가 쓴 포의 전기 중 많은 부분은 받아들이지 않을 수 없는 사실이었다. 그리고 정확하지 않은 기술들도 대부분은 포 자신의 과장된 얘기에 기인한 바가 컸다. 하지만 포와 주고받은 서신을 통해 피곤할 정도로 포의 결점들을 강조했던 그리스월드는 포의 명예를 깎아내리기 위해 은밀한 작업을 벌이기도 했다. 마리아 숙모의 추적에 걸리지 않게 극도로 조심하면서 그는 포의 편지를 다시 써서 조작했다. 주로 아주 비열하고 배은망덕하게 보이게 하거나 아첨하는 표현들을 집어넣었다.

"당신은 정말로 완벽하게 저를 이해하고 계십니다." 그는 포가 열광해서 편지를 쓴 것처럼 만들었다. "진심으로 어떤 사람의 인정도 저에게 이런 기쁨을 줄 수 없다는 사실을 말씀드릴 수 있습니다."

어떻게 보면 연민을 금하기 어려운 그리스월드의 편지 조작 사건이 밝혀지기까지는 거의 한 세기 가까운 세월이 필요했다.

하지만 그리스월드가 포의 가족들에게 저지른 가장 큰 죄는 계약에 관한 것이었다. 어디에도 포가 유언을 남겼다는 기록은 없었다. 그리고 그가 유언장 없이 사망했다면 그가 남긴 유산은 누이동생인 로살리에게 돌아가야만 했다. 하지만 대신에 마리아 숙모가 선집 출간과 관련한 협상을 그리스월드와 했고, 결과적으로 거의 아무것도 받지 못했다. 비록 그녀가 "나를 위해" 책을 출판해줘서 그리스월드에게 감사를 표한다는 글을 책 속에 적어놓긴 했지만, 출판의 대가로 마리아 클렘이 받은 것은 책 몇 부밖에 없었다. 물론 그녀는 가난 때문에 이 책들을 받자마자 모두 팔아야만 했다. 그러자 그녀를 돕기 위해 여러 사람들이 나섰다. 그중 한 명이 헨리 워즈워스 롱펠로우(포에게서 찬양과 곤혹스러운 독설을 번갈아가며 들었던 바로 그 시인)였다.

롱펠로우는 포를 정말로 잘 이해하고 있었다. 하버드 대학에서 시와 언어를 가르치는 교수였던 그는 매우 편안한 삶을 누리고 있었고, 문단으로부터도 존경을 받았다. 한마디로 포가 꿈꾸던 모든 것을 갖고 있는 작가였다. 롱펠로우는 포의 천재성은 물론 그가 가진 선망의 정체도 알아보았다. 그는 그리스월드와는 달리 오랫동안 포의 독설을 관용으로 대했다.

"그의 비평이 거친 이유는 그저 그의 성격이 예민한 데다, 자신이 끝없이 부당한 취급을 당하고 있다는 의식을 갖고 있었기 때문이다. 그 밖에 다른 이유는 없다."

그러나 불행히도 그리스월드는 그런 부류의 사람이 아니었다. 하지만 포의 삶을 왜곡한 그의 배반에도 불구하고, 그가 남긴 포 선집은 누구도 부인할 수 없는 온전한 그만의 성과이자, 그 시대를 위한 커다란 선물이었다. 그런 공적이 너무나 뚜렷해서 포가 자신의 명성을 그의 손에 맡긴 것은 전적으로 옳았다고 말하는 사람까지 있을 정도였다. 포에게 항상 날선 비평을 해대는 바람에 한때 결투 직전까지 갔던 J. M. 다니엘조차도 선집을 읽고 난 뒤에는 이런 예언을 남겼다.

"비록 이 시대의 사람들은 프레스콧이나 윌리스 같은 작가들을 존경하고 따르겠지만 … 그들의 자식들은 문학사를 언급할 때 '이때는 포의 시대였다'라고 말하게 될 것이다."

포가 죽은 뒤 여러 세대에 걸쳐 그의 명성에는 계속 나쁜 평판이 따라다녔다. 하지만 당시 포의 선집이 엄청나게 많이 팔려나갔던 점을 생각하면 어떤 출판업자라도 이런 평판을 싫어할 수 없을 것이다. 그리고 포의 영웅이었던 조지 고든 바이런이나 사무엘 테일러 콜리지영국의 시인 겸 평론가처럼, 포의 경우에도 그의 개인적 결함들이(그것이 사실이든 아니면 지어낸 것이든) 그가 차지하는 문학적 위상에 거의 영향을 끼치지 못했다. 1860년 무렵이 되자, 포는 미국의 대중들에게 전폭적인 지지를 받는 작가가 되었다. 매주 워싱턴 D.C.에서 다양한 상원의원들과 판사들이 참여하는 〈갈까마귀 클럽〉이라는 문학 클럽이 개최되었고, 한번은 여기에 제임스 뷰캐넌 대통령까지 참석했을 정도였다. 그해 대통령 선거에 출마한 에이브러햄 링컨도 남에게 뒤처지지 않기 위해서 자신이 세 명의 작가들을 즐겨 읽는다고 자랑했다. 바로 로버트 번스와 윌리엄 셰익스피어, 그리고 에드거 앨런 포였다. 링컨은 특히 "미스터리한 문제를 제기한 뒤 정교한 분석 과정을 통해 그것을 일상적인 사실들로 풀어서 설명하는 포의 논리적인 방법론에 크게 매료되었고, 주변 사람들의 말에 따르면 한 해도 포의 작품을 읽지 않고 그냥 보낸 적이 없었다."

포는 작가들이 무엇을 쓸지는 스스로 결정할 수 있지만 어떤 것이 읽힐지 여부는 그들 손을 떠난 문제라는 사실을 가장 효과적으로 알려주는 사례이다. 포는 자신이 쓴 추리소설에 대해 머리를 식히는 오락거리 정도로 여겼다. 그가 가장 사랑한 대상은 언제나 시였고, 산문시인 「유레카」였다. 「갈까마귀」는 포의 생전에 가장 유명했을 뿐 아니라, 시간이 흘러도 그 매력이 전혀 줄어들지 않는 작품이긴 하지만, 예술적인 견지에서는 분명히 과거 회귀적인 작품이었다. 시인들이 계속해서 월트 휘트먼과 에밀리 디킨슨에게 연대 의식을 찾았던 반면에, 포에게서 심오한 영향을 받았다고 주장하는 시인을 발견하기는 쉽지 않았다. 그렇지만 사실 링컨과 전 세계 사람들로 하여금 포를 셰익스피어의 옆에 두게 만든 것은 이야기를 끌고나가는 그의 거장다운 솜씨(그리고 무엇보다도 그가 탄생시킨 추리소설) 때문이었다.

하지만 포를 해외에 널리 알린 것은 그의 동료였던 프랑스 시인 샤를 보들레르였다. 1847년 프랑스에서 처음 포의 작품을 접한 보들레르는 피를 나눈 형제의 작품을 발견했다고 느꼈다.

"나는 전율과도 같은 흥분을 느꼈다." 뒤에 그는 이렇게 그 순간을 설명했다. "나는 오랫동안 생각은 해왔지만 어떻게 써야 할지 모호하고 혼란스러워서 전혀 갈피를 잡을 수 없었던 시와 소설들을 드디어 포에게서 발견했다. 그는 그것들을 완벽하게 다루고 있었다 … 처음 그의 책을 펼치는 순간, 너무도 놀랍고 기쁘게도 그동안 내가 꿈꾸어왔던 주제들은 물론이고 오랫동안 계속 생각해왔던 문장들이 눈앞에 나타났다. 그것들은 이미 20년 전에 포가 쓴 것이었다."

사실 포는 프랑스에 입양된 자식이라고 불러도 무방할 정도로 프랑스에서 큰 사랑을 받았다. 1850년대에서 1860년대에 걸쳐 이루어진 보들레르의 지칠 줄 모르는 번역 작업으로 인해, 포의 탐미주의적 시들은 당시 막 꿈틀대고 있던 보헤미안과 퇴폐주의 경향의 시인들과 교감을 나눌 수 있었다. 또한 포의 과학소설에 깊은 감명을 받은 쥘 베른은 『아서 고든 핌의 이야기』의 속편 격인 『빙원의 스핑크스The Sphinx of the Ice Fields』를 써서 포에게 바치기도 했다. 또한 도스토옙스키가 나약하고 병적인 인간의 모습을 거침없이 표현한 걸작인 『지하생활자의 수기Notes from Underground』의 완성을 눈앞에 두고, 1861년 러시아어판 포의 작품들에 서문을 쓴 것도 보들레르의 번역본을 읽고 감명을 받았기 때문이었다.

하지만 가장 특별하고 열렬한 포의 독자는 다른 곳에 있었다. 그곳은 가장 영향력이 있는 기관이기도 했는데, 1875년 한 신문이 보도했듯이 "포의 작품들과 등장인물들은 철학적 분위기가 강한 스코틀랜드 대학들에게 높은 평가를 받아왔다." 그해 가을, 스코틀랜드의 에든버러 대학에 아서 코난 도일이라는 한 청년이 입학했다. 이 의과 대학생은 포가 쓴 뒤팽 이야기를 읽으며 자신이 받고 있던 관찰과 진단의 훈련 속에 숨어 있는 예술적 가능성을 발견했다. 그 결과로 탄생한 것이 바로 당대의 가장 위대한 문학적 피조물들 중 하나로 손꼽히는 셜록 홈즈였다.

"만일 포에게 간접적으로나마 영감을 받은 작가들이 한 명도 빠짐없이 십일조를 내서 그의 기념관을 짓는다면," 도일은 뒤에 이렇게 말했다. "피라미드쯤은 비교도 안 되는 거대한 건축물이 탄생할 것이다."

실제로 그보다 조금 작은 규모의 추모 움직임이 1875년에 일어났다. 포의 시신이 어떤 옹기장이가 소유한 땅에 버려져 있다는 소문이 수년간 나돌고 있을 때였다. 마리아 숙모는 이미 1860년에 그보다 더 충격적인 얘기를 듣고 볼티모어에 사는 포의 친척인 닐슨 포에게 편지를 썼다.

"방금 전에 볼티모어에 사는 한 부인이 나를 찾아왔어. 그녀가 얼마 전 나의 사랑하는 에디의 무덤을 방문한 적이 있다고 말하더군. 그러면서 교회 지하에 있는 그의 무덤이 온통 쓰레기와 석탄으로 뒤덮여 있다고 하던데, 그녀의 말이 사실이야?"

그것은 사실이 아니었다. 하지만 포의 마지막 며칠 동안 그를 살리기 위해 백방으로 노력했던 스노드그라스 박사는 "포가 묻혀 있는 도시까지는 아니더라도 적어도 포의 친척들에게는 끔찍하고 불명예스러운 상황이 벌어지고 있다"라고 사람들을 꾸짖었다. 그는 기존 묘지 위에 새로운 교회가 지어지고 있기 때문에 포의 외로운 무덤이 곧 없어질지도 모른다고 경고했다.

"그의 무덤에는 묘비 대신 소나무 판자 하나만 세워져 있기 때문에 '가여운 포'의 뼈들이 무연고자의 유해들과 함께 수거되어 누구 것인지도 모른 채 버려질 가능성이 매우 높다."

때때로 삶은 운명의 개입으로 인해 예상치 못한 행로를 걷는다. 닐슨 포가 마침내 포의 묘비를 주문했지만, 한 기관차가 석공의 작업실로 돌진해서 묘비가 산산조각 나는 일이 벌어졌다. 게다가 코앞에 닥친 남북전쟁으로 인해 준비했던 다른 많은 일들이 실행되지 못했다. 1871년 세상을 뜬 마리아 숙모가 그의 곁에 묻히는 순간에도 포의 무덤은 여전히 망자의 정체를 알려주는 표식 없이 방치되어 있었다. 결국 음울하면서도 낭만적이었던 이 미국 시인을 구제한 것은 학교의 여선생님들이었다.

1865년 〈볼티모어 선〉은 "이 도시에 에드거 앨런 포를 기리는 데 알맞은 기념관"을 마련하기 위해 불철주야 노력하고 있는 "학교 여선생님"들에 대해 이렇게 기사를 썼다.

"그들은 모임을 통해 재미있는 문학 활동을 하기 위한 방안을 논의했다."

그들이 10년간에 걸쳐 한 푼 두 푼 끈질기게 모금을 해나가자 후원자들이 나서기 시작했고, 나중에는 대규모 모금 행사도 활발하게 전개되었다. 얼마 후 그들은 대리석으로 지어진 기념관을 갖게 되었다. 포와 마리아 숙모도 묘지의 가장 좋은 자리에 새로운 안식처를 마련했다. 하지만 그것은 그들이 이장되어야 함을 의미하는 것이기도 했다. 그런 일에는 최초로 포를 매장했던 노련한 묘지 관리인이 제격이었다. 하지만 싸구려 관이 문제였다. 관을 꺼내 흙을 털어내는 순간 관 한쪽이 무너져내렸고, 관 주인의 유골들이 우르르 쏟아져 나와 사람들을 기겁하게 만들었다.

"관 속에는 해골을 제외하고는 아무것도 남아 있지 않았다." 이렇게 운을 뗀 지역신문의 보도는 곧 포에 어울리는 기사 내용으로 넘어갔다. "두개골에는 아직 몇 가닥 털이 붙어 있었고, 새하얗게 거의 완벽한 원형을 유지하고 있던 이빨들은 관이 무너질 때의 충격으로 모두 턱에서 빠져나와 관 바닥에 흩어져버렸다."

포의 유골들은 조심스럽게 새 묘지로 옮겨졌다. 그리고 찬바람이 불던 1875년 11월의 어느 날, 포의 기념관이 사람들에게 공개되었다. 그날 볼티모어의 학교들에는 임시 공휴일이 선포되었고, 1,000명도 넘는 시민들이 묘지 근처에 있는 행사장으로 몰려들었다. 미처 입장하지 못한 사람들로 행사장 밖도 인산인해를 이루었고, 근처 집들의 창문마다 한껏 몸을 밖으로 내밀어 구경하려는 사람들의 머리가 빼곡했다. 군중들 속에는 장신에 회색 턱수염을 기른 한 유명 인사가 볼티모어의 학교 선생님들과 함께 서 있었다. 바로 포가 자신만만한 젊은 출판업자였던 시절에 운영하던 〈브로드웨이 저널〉에 처음으로 찾아와 글을 발표할 기회를 얻었던 월트 휘트먼이었다. 그는 포와 알고 지냈던 30년 가까운 세월을 회상하며 조용히 포를 배웅

했다. 그 옆으로는 포의 사촌인 닐슨 포, 오래된 학교 친구인 조 클라크, 그리고 존 라트로브(1833년에 포에게 최초로 큰 상금을 안겼던 〈새터데이 비지터〉가 주최한 문예 공모전의 심사위원)에 이르기까지 포와의 추억이 가슴속에 생생하게 살아 숨 쉬고 있는 사람들의 모습이 보였다.

라트로브가 추모사에서 언급한 남자는 어두운 표정의 전설적인 시인이 아니라, 근면하고 상상력이 풍부한 장인이었다. 라트로브가 처음으로 에드거를 만난 것은 이 젊은 시인이 달을 소재로 한 혹스 소설인 「한스 팔」을 한창 기획하고 있을 때였는데, 포는 열띤 목소리로 한 풀무 수리공이 빚쟁이를 피해 열기구를 타고 달나라로 도망가는 이야기를 라트로브에게 설명했다.

"그는 계속해서 위로, 더 위로 올라갔고, 마침내 달의 인력이 지구의 인력보다 더 커지는 지점에 도달했습니다." 이제는 지긋하게 나이가 든 이 편집인은 열기구가 갑자기 뒤집어지는 부분을 설명하던 포를 회상했다. "포는 흥분을 감추지 못했습니다. 너무 흥분한 나머지 손짓 발짓을 해대며 얘기를 했죠. 열기구가 거꾸로 뒤집히는 부분에 얘기가 이르렀을 때는 급기야 손뼉을 치고 발을 마구 굴러댔습니다. 저는 넋을 잃고 그의 얘기를 들었습니다 … 그는 자신이 너무 흥분한 데 대해 사과했습니다. 경솔했다고 자책했죠."

군중들은 에드거와 버지니아, 그리고 마리아 숙모의 새로운 묘지를 향해 나아갔다. 그들은 포의 삶에 슬픔이자 위안이었던 그의 특별한 가족들이 그곳에서 재회의 기쁨과 영원한 안식을 누리기를 기원했다. 묘지에 당도한 볼티모어 시민들은 포의 마지막 시 「애너

벨 리」를 크게 낭송하며 마침내 영면에 든 시인에게 마지막 작별을
고했다.

　　　하여, 나는 밤새도록 내 사랑, 내 사랑
　　　내 생명, 내 신부 곁에 눕나니
　　　그곳 바닷가 무덤 안에서
　　　파도치는 바닷가 그녀의 무덤 안에서 ….

─────────────『에드거 앨런 포, 삶이라는 열병』 끝 ─────────

**20가지 키워드로 보는
포의 연대기**

출생 1809년 1월 9일, 데이비드 포와 엘리자베스 포의 셋째로 태어남.

모친 사망 1811년, 어머니 엘리자베스 포가 폐병으로 사망.

입양 1811년, 담배상 존 앨런에게 입양됨. 그러나 완전한 법적 입양은 아니었음.

유학 1815년, 존 앨런이 지점을 내기 위해 런던에 가는 길에 동행해서 약 3년간 스코트랜드와 첼시 등에서 공부함.

귀국 1820년 7월, 양부 존 앨런의 사업 실패와 프랜시스 앨런의 결핵으로 미국 버지니아로 함께 돌아옴.

대학 1826년, 미국 제3대 대통령 토마스 제퍼슨이 설립한 버지니아 대학에 입학해서 공부하다가, 양부 존 앨런과의 마찰을 빚으며 이듬해 3월에 학교에서 도망침.

입대 1827년 5월, 도박빚 때문에 채권자들이 쫓아오자, 나이를 22세로 속인 채 '에드거 앨런 페리'라는 가명으로 군대에 입대함.

첫 작품 1827년, 처음 작품인 시집 『타멀레인과 그 밖의 시들』을 '보스턴 사람'이라는 익명으로 출간함.

공모전 당선과 첫 상금 1833년 10월, 볼티모어에서 발간되는 잡지 〈새터데이 비지터〉에서 개최한 공모전에 「병 속에서 나온 수기」가 최우수작으로 뽑혀 처음으로 50달러의 상금을 받음.

양부의 사망과 상속 배제 1834년, 양부 존 앨런이 막대한 부를 소유한 채로 사망했으나, 포에게는 단 한 푼의 유산도 상속하지 않음.

결혼 1836년 5월, 마리아 클렘 숙모의 딸 버지니아와 결혼함.

최초의 장편소설 1838년, 처음 쓴 장편소설인 『아서 고든 핌 이야기』를 출간해 폭넓은 리뷰와 갈채를 받았으나, 실제적인 경제적 이익은 거의 없었음.

추리소설의 효시 1841년, 최초의 추리소설이자, 이후 모든 추리소설의 원형이 되는 「모르그 가의 살인 사건」을 발표함.

걸작 1843~1843년, 「고자질하는 심장」, 「황금 벌레」, 「도둑맞은 편지」 등 위대한 걸작 단편소설들을 발표함.

뉴욕 1844년, 출세와 부를 좇아 뉴욕으로 거처를 옮긴 뒤, 술까지 끊으며 새로운 각오로 왕성하게 활동함.

위대한 시 1845년, 생애 최고의 걸작 중 하나이자 미국 역사상 가장 위대한 시라고 평가되는 「갈까마귀」를 〈뉴욕 미러〉에 발표함.

외국 열풍 1847년, 프랑스의 보들레르가 포의 〈검은 고양이〉를 번역하고 소개하면서, 말라르메와 도스토옙스키 등에 의해서도 최고의 찬사를 받기 시작함.

아내 사망 1847년, 아내 버지니아가 사망하면서 포의 삶은 점차 절망의 구덩이로 빠지기 시작함.

염문 1848년, 시인 사라 헬렌 휘트먼, 찰스 리치먼드 부인 등과의 염문에 휘말림.

방황과 사망 1849년, 연이은 작품 발표의 와중에도 알코올중독이 심해졌고, 결국 10월 3일 길거리에서 정신착란과 혼수상태로 발견된 뒤, 닷새 뒤인 10월 7일 사망함.

해리 클라크가
포의 선집에 그린 삽화

해리 클라크Harry Clarke(1889~1931)는 아일랜드의 스테인드글라스 작가이자 삽화가이다. 더블린 출생으로 아일랜드 '예술장인운동'의 리더였다. 1919년에 출간된 에드거 앨런 포의 선집 『미스터리와 상상의 이야기 *Tales of Mystery and Imagination*』에 그린 삽화로 유명하다. 여기서는 그중 가장 인상적인 삽화 5점을 소개한다. 해당 작품을 읽으신 분이라면 이 삽화들이 얼마나 소설 내용을 극적으로 연출하고 있는지 실감할 것이다.

「모르그 가의 살인 사건」

「마리 로제 살인 사건」

「검은 고양이」

「어셔 가의 몰락」

「아몬틸라도의 술통」